世界银行研究报告

资源融资的基础设施

关于一种新的基础设施融资模式的探讨

Håvard Halland、John Beardsworth、Bryan Land 和 James Schmidt（著）

附带下列专家的评论：

Paul Collier

Alan Gelb

林毅夫和王燕

Clare Short

Louis Wells

中国财政经济出版社

This work was originally published by The World Bank in English as *Resource Financed Infrastructure: A Discussion on a New Form of Infrastructure Financing* in 2014. In case of any discrepancies, the original language will govern.
The findings, interpretations, and conclusions expressed in this work do not necessarily reflect the views of The World Bank, its Board of Executive Directors, or the governments they represent.
The World Bank does not guarantee the accuracy of the data included in this work. The boundaries, colors, denominations, and other information shown on any map in this work do not imply any judgment on the part of The World Bank concerning the legal status of any territory or the endorsement or acceptance of such boundaries.

本书原版由世界银行于 2014 年出版，书名为《资源融资的基础设施：关于一种新的基础设施融资模式的探讨》。如出现理解歧义，以英文原版为准。
本书中的发现、阐释和结论不一定代表世界银行、世界银行执行董事会或其代表的政府的观点。
世界银行不担保本书中所含数据的准确性。书中所附地图的疆界、颜色、名称和其他资料并不代表世界银行的任何部门对任何地区的法律地位的看法，也不意味着对这些疆界的认可或接受。

图书在版编目（CIP）数据

资源融资的基础设施：关于一种新的基础设施融资模式的探讨/（美）哈兰德等著；世界银行译. —北京：中国财政经济出版社，2015. 2
书名原文：Resource Financed Infrastructure
ISBN 978 - 7 - 5095 - 6034 - 1

Ⅰ. ①资… Ⅱ. ①哈… ②世… Ⅲ. ①基础设施 - 融资 - 研究 Ⅳ. ①F830. 55

中国版本图书馆 CIP 数据核字（2015）第 035916 号

责任编辑：吴　敏　　　　责任校对：张　凡

中国财政经济出版社出版
URL：http：//www. cfeph. cn
E - mail：cfeph @ cfeph. cn

社址：北京市海淀区阜成路甲 28 号　邮政编码：100142
营销中心电话：88190406　北京财经书店电话：64033436　84041336
北京中兴印刷有限公司印刷　各地新华书店经销
787 × 1092 毫米　16 开　6. 25 印张　100 000 字
2015 年 3 月第 1 版　2015 年 3 月北京第 1 次印刷
定价：22. 00 元
ISBN 978 - 7 - 5095 - 6034 - 1/F · 4858
（图书出现印装问题，本社负责调换）
图字：01 - 2015 - 0620
本社质量投诉电话：010 - 88190744
反盗版举报热线：88190492、88190446

目　录

专栏

图

表

致　谢

本报告是在世界银行自然资源经济学家 Håvard Halland 和首席采矿专家 Bryan C. Land 的指导下编写的。它以世界银行的顾问——美国何威律师事务所合伙人与全球业务负责人 John J. Beardsworth, Jr. 以及律师 James A. Schmidt 的调研为中心。而 Paul Collier、Alan Gelb、林毅夫和王燕、Clare Short 以及 Louis T. Wells 所做的评论极大地丰富了本报告提出的讨论。

本书的编辑人员由衷地感谢那些帮助打磨出本报告初步概念的全球专家们：Paul Collier、Shanta Devarajan 和 Deborah Brautigam。对初期草稿提供了极为有益的反馈意见的有 Pierre A. Pozzo di Borgo、Nicola Smithers、Marijn Verhoeven 和 James Close，对概念注释提供了有益反馈的有 Xavier Cledan Mandri-Perrott、Anand Rajaram、Nadir Mohammed、Jyoti Bisbey 和 Tomoko Matsukawa。Otaviano Canuto 在报告编写的各个阶段均提供了至关重要的建议，而在报告编写的最初阶段，Vivien Foster 曾提出了重要的建议。Mariela Sánchez Martiarena 及时地完成了研究辅助工作，文字编辑工作由 Fayre Makeig 完成。如果没有 William Dorotinsky 和 Nick Manning 在管理上的宝贵支持，这个报告不可能完成。

最后，世界银行对澳大利亚政府外交事务与贸易部提供的资金表示感谢，这些资金支持了世界银行有关非洲采掘业的研究项目；对公共和私营基础设施咨询基金（Public-Private Infrastructure Advisory Facility）提供的资金也表示感谢。本报告中的所有意见、错误和遗漏均由作者负责。

作者介绍

Håvard Halland 是世界银行的自然资源经济学家，他负责领导以资源为支持的基础设施融资、主权财富基金政策、开采物收入管理和采掘业公共财务管理等领域的研究和政策日程。在加入世界银行之前，他是国际红十字委员会（ICRC）驻刚果民主共和国和哥伦比亚的代表和项目经理。他拥有剑桥大学经济学博士学位。

John J. Beardsworth, Jr. 是跨国律师事务所美国何威律师事务所（Hunton & Williams LLP）商业实践小组的负责人和该事务所执行委员会委员。他有着 30 多年的从业经验，主要从事有关资源开发、能源和基础设施交易以及项目融资的业务。Beardsworth 先生在基础设施企业的重组和私有化以及资源与基础设施相关资产的开发、融资和建设方面有丰富的经验。他因在非洲长期执业而获得认可。Beardsworth 先生于 1979 年以优异成绩获得乔治·华盛顿大学法学院法学博士学位，1975 年以优异成绩在宾夕法尼亚大学获得学士学位。

Bryan C. Land 是世界银行的首席采矿专家，一直致力于将世界银行的研究转变为资源丰富非洲国家的机遇和挑战。在加入世界银行之前，Land 先生负责领导英联邦秘书处的自然资源管理计划。在此之前，他曾就职于采掘业咨询公司 IHS Energy 和 CRU International，并在巴布亚新几内亚矿产和能源部任职三年。Land 先生在伦敦政治经济学院获得经济学学士学位，并分别在哥伦比亚大学和邓迪大学获得国际关系硕士学位和自然资源法专业的硕士学位。

James A. Schmidt 是跨国律师事务所美国何威律师事务所的律师，有着 25 年以上的从业经验。Schmidt 先生专注于电力行业的重组和市场设计、立法和监管框架的制定、独立监管机构的设立，并代表私人开发商、政府及其公用事业公司以及公私合营伙伴关系进行基础设施项目的谈判。他曾在 1996—1998 年担任世界银行法律部负责能源和监管改革事宜的首席律师，还曾在 1986—1989 年任美国第四巡回上诉法院的法官助理。Schmidt 先生于 1986 年获得美国威斯康星大学法学院法学博士学位，在 1983 年获得劳伦斯大学学士学位。

专家评论员介绍

Paul Collier 是牛津大学布拉瓦尼克政治学院的经济学和公共政策教授，圣安东尼学院的教授级研究员，同时还是非洲经济研究中心主任。他曾在 1998—2003 年担任世界银行发展研究部主任。目前，他是巴黎政治学院和巴黎第一大学的客座教授，国际货币基金组织战略与政策部、世界银行非洲区以及英国国际发展部（DfID）的顾问。他曾为《纽约时报》、《金融时报》、《华尔街日报》和《华盛顿邮报》撰稿，并发表过若干著作。2008 年，Collier 教授因为促进了非洲的研究和政策改变而获得爵士封号。

Alan Gelb 是全球发展中心的高级研究员，他曾在世界银行担任过包括发展政策主任及非洲区首席经济学家在内的多个职位。他的研究领域包括资源丰富经济体的管理、非洲经济发展、基于结果的融资以及利用数字识别技术促进发展等。他的著述颇丰，除了若干著作之外，还在学术期刊上发表过多篇论文。他拥有纳塔尔大学应用数学学士学位和牛津大学的哲学学士学位和博士学位。

林毅夫是北京大学国家发展研究院教授和名誉院长、国务院参事。他曾在 2008—2012 年任世界银行高级副行长兼首席经济学家。此前，他参与创建了北京大学中国经济研究中心，并担任该中心主任和教授长达 15 年。他发表过 23 部著作，其中包括《新结构经济学：反思经济发展与政策的理论框架》。他是全国政协常委、全国工商联合会专职副主席。同时，他还是英国科学院外籍院士、发展中国家科学院院士。

Clare Short 于 2011 年 3 月在巴黎举行的采掘业透明度行动计划（EITI）全球大会上当选 EITI 委员会主席。Clare Short 阁下之前曾担任英国国际发展大臣（1997—2003 年）。作为担任该职位的第一人，她为提升英国在可持续发展和消除贫困方面的形象以及增加英国在这方面的拨款起到了关键作用。1983 年，Short 女士以伯明翰 Ladywood 选区议员的身份进入议会下院。她曾任影子内阁的妇女事务部长（1993—1995 年）、运输大臣

(1995—1996 年）和海外发展事务反对党发言人（1996—1997 年）。Short 女士是非洲国际律师咨询委员会（International Lawyers for Africa）成员、非洲人道主义行动（Africa Humanitarian Action）的受托人。

王燕是北京大学国家发展研究院的高级访问学者和乔治·华盛顿大学商学院的客座教授。此前，她作为高级经济学家和团队负责人，曾在世界银行工作了 20 年，对与新兴市场经济体的政府和私营部门合作有着深入透彻的了解。她还曾担任经济合作与发展组织（OECD）发展援助委员会（DAC）及中国研究小组的协调员（2009—2011 年），致力于中国与非洲的发展合作及投资。她曾独立发表及与人合作发表过若干著作和期刊文章，其中包括《增长的质量》，并获得了孙冶方经济科学奖。她在康奈尔大学获得博士学位，在加入世界银行之前一直从事经济学教学工作。

Louis T. Wells 是哈佛商学院国际管理 Herbert F. Johnson 荣誉退休教授。他为许多发展中国家政府、国际机构和私人公司担任过顾问。他的咨询活动及发表的著述主要涉及外国投资政策、外国投资者与接受国政府间的谈判以及投资争议解决等领域。他曾在 1994—1995 年担任位于雅加达的哈佛国际发展研究所印尼项目的协调员。Wells 教授在乔治亚理工学院获得物理学学士学位，在哈佛商学院获得工商管理硕士及博士学位。

缩略语

CFR	collaterization of future revenues 以未来收入为担保
EITI	Extractive Industries Transparency Initiative 采掘业透明度行动计划
EPC	engineering, procurement, and construction 工程设计、采购和施工
FDI	foreign direct investment 外国直接投资
FIDIC	International Federation of Consulting Engineers 国际咨询工程师联合会
GDP	gross domestic product 国内生产总值
GSTF	Global Structural Transformation Fund 全球结构转型基金
IBRD	International Bank for Reconstruction and Development 国际复兴开发银行
ICT	information and communication technology 信息与通信技术
IEEE	Institute of Electrical and Electronics Engineers 电气和电子工程师协会
IFI	international finance institution 国际金融机构
IMF	International Monetary Fund 国际货币基金组织
IPP	independent power project 独立发电项目
LDCs	less developed countries 欠发达国家
MDB	multilateral development bank 多边开发银行
MOU	memorandum of understanding 谅解备忘录
NGO	nongovernmental organization 非政府组织
O&M	operations and maintenance 运营和维护
PIU	project implementation unit 项目实施单位
PPP	public – private partnership 公私合作
RAF	revenue anticipation financing 收入预期融资
RfI	resources for infrastructure 建设基础设施的资源
RFI	resource financed infrastructure 资源融资的基础设施
SPV	special purpose vehicle 特殊目的机构
SWOT	strengths, weaknesses, opportunities, threats 优势、劣势、机会、威胁
UNCTAD	United Nations Conference on Trade and Development 联合国贸易和发展会议

第一部分

主要观点

Håvard Halland

概　述

范围和重点

本报告由全球项目融资专家美国何威律师事务所编写，还包含由六位国际知名经济学家和政策制定者的评论，从项目融资的角度提供了对资源融资的基础设施（RFI）合同的分析性讨论。报告旨在充当进行深入讨论的论坛和进一步研究 RFI 的作用、风险和潜力的基础，无意对 RFI 合同提出世界银行支持的看法。促成本报告出台的动机是因为确信如果有关国家打算继续谋求 RFI 或从别人那里得到有关 RFI 的建议，政府官员就有义务分辨好的和不好的交易，作出无法避免的取舍判断，并相应地采取行动。本报告的目的是提供一个基础，以便对怎样使 RFI 交易能像其他融资工具一样受到同等程度的认真审查形成真知灼见，低收入或下中等收入国家可以通过这些融资工具寻求调动发展资金。

本报告也符合“公开承包”的全球主流，为公民提供了途径，使他们能参与到政府和其他利益相关方对如何最有效地管理不可再生资源以利于公众利益的探索中。就 RFI 的情况而言，地下资源的价值和基础设施带来益处的实现之间有非常直接的联系。因此，2013 年 5 月开始采用的经过修订的采掘业透明度行动计划（EITI）标准将基础设施作为处理采掘业交易时的一个考量因素（包括 RFI）。[1]

为了着手完成本次研究，世界银行请全球项目融资专家何威律师事务所的 John Beardsworth，Jr. 和 James Schmidt 从结构、法律、财务和运行的角度对 RFI 模式进行分析。涉及的主题包括该模式的融资特点、RFI 交易的价值评估、该模式与特定财政体制的关系、风险和责任的共担、争议的解决、施工监理安排、技术标准规范，以及运营和维护。最终的研究报告认为 RFI 交易是更为传统的融资模式（即：资源特许权、传统的政府基础设施采购、项目融资和公私合作）的衍生物，并且可以以这些传统的融资模式为基准。该研究进而考察了参与 RFI 交易各方的身份和兴趣、承担的风险、作出的承诺，并探索了确保服务于公众利益的各种可能采取的保障措施。

由于只专注于合同和融资问题，本研究并没有涉及更广泛的相关背景问题（例如，基础设施项目的评估、甄选、监督和评价）或随着基础设施投资的增加出现的宏观经济和制度的吸收问题。由于 RFI 贷款主要采取出口信贷的形式，随着劳动力和半成品从资金提供国的进口，围绕宏观经济吸收的潜在问题已经有所减少。但大量采用进口也带来了围绕当地就业、国民增值以及对经济多元化的贡献等其他问题。最后，正如 Alan Gelb（在本报告的第三部分“评论”中）指出的，本研究并没有涉及对于将政府的未来收入进行抵押以及由此对财政稳定性和信用度造成影响的更广泛的讨论。[2]

资源融资的基础设施的基本要素

按照 RFI 安排，当前的基础设施建设贷款是以未来石油或其他矿产开采经风险调整后的收入净现值为担保的。对基础设施建设的贷款在基础设施—资源开采关联合同签署后不久就会拨付，并会直接支付给施工企业作为建设费用。用来偿还贷款的收入由石油或采矿公司直接支付给金融机构，这通常是在 10 年或更久以后，对采掘项目的初始投资已经回收之后才开始。因此，基础设施贷款的宽限期取决于建设矿场或开发油田所需的时间、初始投资的规模以及投资的回报率。大型采掘项目的成本可能高达 30 亿至 150 亿美元，从发现到商业运行要耗费 10 年或者更久，而收回投资则还另外需要几年。通过 RFI 安排融资的基础设施包括电厂、铁路、公路、信息与通信技术（ICT）项目、学校和医院，以及水务设施（Foster 等人，2009；韩国进出口银行，2011；Alves ，2013）。

不应将 RFI 交易与资源—基础设施“打包”交易混为一谈，在“打包”交易中，基础设施是资源采掘的附属部分（例如，用于矿石运输的连接码头的铁路），而 RFI 交易可以看作是渣打银行、法国巴黎银行、德国商业银行及其他银行于 20 世纪 80 年代至 90 年代期间在安哥拉率先进行的以石油为支持的贷款实践的延续（Brautigam，2011）。根据 Alves（2013）的研究，以石油为支持的贷款依然是一些在非洲开展业务的银行所普遍采取的一种形式。Louis Wells 在“评论”部分（本报告的第三部分）中指出采掘行业通常采取的签约定金的做法与 RFI 交易类似，从某种意义上说它们都是通过在当前提供资金以便在未来获得开采矿产或其他自然资源的权利。

与以石油为支持的贷款一样，RFI 交易是在安哥拉率先进行的。中国进出口银行于 2004 年开始提供这类合约，RFI 后来成为安哥拉战后重建融资的主要工具（Brautigam，2011）。之后，一些银行又在其他几个非洲国家采用了 RFI 合约模式，其中以中国的银行为主，包括中国国家开发银行，不过最近韩国进出口银行也将这一模式用于刚果民主共和国的姆索西矿项目。根据韩国进出口银行（2011）的报告，“（韩国版的 RFI）模式是出于战略考虑制定的，目的是提高韩国与已经进入前景诱人的非洲市场的国家相比的竞争力。这一协议是这种模式的首次运用。”根据公开信息所作的粗略估计表明，虽然还不清楚在非洲签订的 RFI 合约有多少已经完全得以实施，但这些合约的价值至少有 300 亿美元。据报道，2011 年和 2012 年签订的合同价值就达 60 亿美元，而在 2013 年进行谈判的合同价值更高达 140 亿美元。[3]

RFI 模式的出现在一定程度上可以理解为采掘业和基础设施领域之间在风险承受力和预期回报方面存在差异的一种反映。许多发展中国家在为公共基础设施融资方面依然面临巨大缺口，估计的数据表明，要满足非洲的基础设施需求，每年需要 930 亿美元资金——这是现有水平的两倍多（Foster 和 Briceño-Garmendia，2010）。全球金融危机及其后续影响极大地限制了发展中国家从传统的、私人的和长期的渠道获得的资金，特别是用于基础设施建设的资金。与此同时，援助资金的流入在减少。另一方面，在许多发展中国家，对采掘行业的外国直接投资（FDI）在过去十年中一直在增加。尽管近来矿物商品价格走软使盈利更多的采矿项目成为不可能，却仍有以 10 亿计的投资注入该行业——即使是在最困难的地理和政治环境下，特别是在非洲。实际上，欠发达国家相比其他更发达的发展中国家来说获得了更多的 FDI——就占国内生产总值（GDP）的比例而言（Brahmbhatt 和 Canuto，2013）。进入新千年以来，对非洲的 FDI 翻了五倍，从 2000 年的 100 亿美元增至 2012 年的 500 亿美元（UNCTAD，2013）。这反映了一个事实，即许多缺乏进入资本市场途径的发展中国家同时也是资源丰富的国家。其中很多国家一直将自然资源作为抵押物来获得投资资金，以克服获得传统银行贷款和进入资本市场的障碍。RFI 便是在这种背景下诞生的几种合同安排之一。

备受争论的资源融资的基础设施

六位著名经济学家和政策制定者对本研究报告进行了评论，为我们提供了进一步的分析、深刻见解、背景和视角（见本报告的第三部分“评论”）。其中几位专家评论员认为，尽管按照传统原则来看 RFI 是不理想的，原因之一是由于将资金指定用于基础设施而降低了未来的财政灵活性，但 RFI 却可能是在公共管理能力薄弱和采购系统不健全的情况下最好的选择。按照 Paul Collier 的观点，财政灵活性并不总是值得追求，在支出压力大的情况下，将资源收入指定用于投资则可能是更好的选择。与 Alan Gelb 和 Louis Wells 一样，他认为 RFI 代表了一种承诺机制，使得那些负责消耗自然资源资产的部长们能够确保未来的政策制定者会将资源收入中的相当一部分用于资产的积累。政府通过 RFI 交易签订将未来收入用作基础设施建设资金的协议，从而实现这种预先承诺，并可以借此更有力地抵制将资源收入更多地用于经常性支出的压力。另一方面，以石油为支持的贷款则不能提供这样的承诺机制。

林毅夫、王燕和 Wells 认为，通过 RFI 交易将资源收入承诺用于基础设施建设可以阻止在金融和政治体制薄弱的情况下资源收入充足可能导致的资本外逃。Gelb 指出，采掘业带来的收入存在着要么未能纳入国家预算，要么就算纳入预算，也会被浪费或盗取的风险，他认为 RFI 固有的预先承诺机制可以减少这样的风险。他还认为，这一机制能够限制政府打劫由更负责任的前任政府在主权财富基金中积累起来的资源收入的能力。总体而言，林毅夫和王燕认为 RFI 可以“帮助克服低收入资源丰富国家的严重的财政和治理制约”。

Beardsworth 和 Schmidt 认为，RFI 交易之所以被政府视为具有吸引力，原因之一是这些交易提供了这样的机会，使得政策制定者在依然在位的时候便能给公民带来回报，而不用等到很久之后采掘项目开始产生收入或盈利以后。根据这个论点，在采掘项目周期之初建设的公共基础设施可以为民选政府或者为那些感到需要某种形式的大众合法性的非民选政府提供合法性。Collier 也将基础设施交付使用的速度视为 RFI 合同吸引人的主要特点之一。林毅夫和王燕提出，RFI 可能是建设他们所谓的“能解除瓶颈问题的”基础设施的一种适用模式，这类基础设施往往关系到 RFI 所在国的比较优势。

林毅夫和王燕认为，RFI 的另一个优势是它能解决基础设施贷款偿还可能出现的货币错配问题。尽管基础设施项目产生的收入可能是以本国货币计值的，但 RFI 交易中的采掘部分带来的收入则是在全球商品市场上产生的。根据这个论点，与基础设施贷款偿还相关的汇率风险是可以消除的，只要商品销售和基础设施贷款用同一种货币计值即可，一般情况下都采用美元计值。

Collier 认为，尽管对于谈判和建设阶段都困难重重的标准项目融资而言，以资源收入作出承诺不啻为清除障碍的一种有益的抵押，但政府却不应该让其资本被无限期地占用。一旦基础设施（例如，电站）已经建成，它就变成了低风险的东西，政府可以将其出售给私人运营商。按照 Collier 的观点，“在缺乏资本、风险高的情况下，政府不应让其有限的资本被可以由私人运营的低风险、资本密集型基础设施占用。”

Gelb、林毅夫、王燕和 Wells 指出了一个现有文献中几乎没有涉及过的问题，即参与 RFI 交易的银行和公司要承担的风险的水平以及优惠融资在减少这种风险方面的作用。一旦基础设施建设完成，这可能在石油、天然气或矿产品生产开始前很久，政府便会产生违背合同的动机。Wells 认为，政治反对派或者新的政府可能会忘记在采掘项目周期之初得到的益处，可能会施加压力要求重新谈判。由于投资者分担了很大一部分运营、经济和政治方面的风险，RFI 交易从这个意义上说相当于无追索贷款，包含一定的官方或半官方优惠融资以降低投资者的风险因此就成了目前 RFI 交易的一个标准内容。Gelb 提出，针对项目所在国政府的合同违约，优惠融资安排可以采取利率买低或部分风险担保的形式。林毅夫和王燕认为，在减轻重新谈判的压力方面，透明度也能对参与 RFI 交易的银行和公司的利益起到作用。

批评和风险

本研究报告的作者以及专家评论员均指出了 RFI 合同固有的几个重大风险。他们都坚定地认为，应将同等水平的透明度运用于包括 RFI 在内的所有资源开采合同安排。所担心的主要问题在 EITI 要求中得到凸显，Clare Short 在评论中对此进行了这样的概括：“为了有效处理基础设施和易货条款，EITI 要求利益相关方能全面理解相关协议、合同、参与方、国家承诺用作抵押物的资源、连续效益的价值（例如，基础设施工程）以及这些协议相对于传统合同的重要性……要满足 EITI 的要求，全面地处理这类交易是必要的。”

报告中讨论的其他让人担心根本性问题包括在基础设施投资拨付后对产生的收入进行管理的合理的财政结构、用以确保基础设施质量和建设过程诚信的措施以及基础设施建设完成后进行运营和维护的安排。对于有效解决这些问题的措施，怎样强调其重要性都不过分。

Collier 认为，许多现有 RFI 交易的不透明是此类交易提供方面存在垄断的结果。如果有更多的 RFI 交易提供者，“例如，如果双边捐款人与其国家的资源公司和建设公司联起手来，”在他看来 RFI 交易的价值就会通过竞争决定。然而，到目前为止，RFI 提案一直以那些在采掘或基础设施领域寻求机会的公司提出的所谓“主动竞购”的形式为发起端，然后它们再与其他公司以及一家金融机构合作构建一个可以兑现的交易提供给政府（Wells，2013）。主动竞购在建设或采掘领域并非罕见，很多国家有现成的法律用来将有关基础设施的主动竞购提案引向公开竞争的过程，从而在鼓励私营部门提出可能带来效益的项目概念的同时保留公开招标的好处。比如，智利和韩国就采用“奖励制度”，在根据主动竞购提案进行的公开招标中对最初的提议者的投标给予5%到10%的奖励（Hodges 和 Dellacha，2007）。

Wells 认为，各国评估 RFI 提案时必须考虑它们凭借资源能够获得什么，以及如果资金必须来自其他来源，那么它们为相关基础设施融资需要付出什么代价。换句话说，处理评估和风险问题时，那些对 RFI 方案进行评定的人需要首先将该方案的基础设施估计成本与传统的财政和投资模式的成本进行比较，由此资源收入将进入预算，同时建设资金将来自这些收入所支持的公共开支。

Wells 进一步指出，RFI 受到的多数指责同样适用于独立的基础设施和采掘项目承包合同，没有什么证据支持在同一个国家 RFI 交易比其他采掘和建设合同牵扯到更多的腐败问题。按照他的观点，贫困国家与有经验的外国投资者进行谈判以及执行最终协议的能力薄弱的问题是一个应该与 RFI 分开来处理的问题。

本研究报告以及专家评论员提出的许多论点意在寻求超越支持或反对 RFI 的立场。正如 Wells 所说的，“RFI 模式对所在国来说无所谓好坏。应该像对其他商业安排一样对其进行评价，并将它们与其他从自然资源获取回报或为基础设施融资的方式进行仔细的比较。”Gelb 指出，本研究报告“在作为 RFI 模式基础的原则和以往实施这种模式的实践之间做了有益的区分，认为实施中的失误未必会使这种方式的优点丧失价值。”EITI 主席 Clare Short 认为，本报告“为在资源采掘被用来为基础设施发展提供资金的情况下，政府如何确保良好治理和透明度提供了有益的指导。为政策制定者、合同各方以及受影响的社区提供了理解和比较 RFI 交易、监督其实施以及评估机会与风险的框架。”

注：

1. EITI 标准第 4.1（d）条要求规定：要求多方利益相关者团体和独立管理人考虑是否有协议或成套协议涉及提供商品和服务（包括贷款、赠款和基础设施工程）以换取或部分换取石油、天然气或矿物的勘探或生产特许权或者这类商品的实际交割。为了做到这一点，多方利益相关者团体和独立管理人需要全面了解相关协议和合同的条款、参与的各方、国家用来作出承诺的资源、平衡连续效益（例如，基础设施工程）的价值以及这些协议相对于传统合同的重要性。

2. RFI 交易的一个重要特点就是承诺用未来的政府收入偿还当前的基础设施投资。从这个意义上来说，RFI 模式与以未来的石油收入为抵押进行举债这一更普遍的做法是密切相关的。以未来收入为抵押（CFR）对政府的债务可持续性会有影响（政府偿还其他债务的能力会有所下降），而且可能引起法律争议。许多贷款协议，包括世界银行在国际复兴开发银行（IBRD）窗口下达成的协议，都包含消极担保条款，排除了借款国将当前或未来资产抵押给另一个债权人的可能。法律上的一个重要的区别是这些安排是会导致向主权或公共企业（“直接”的 CFR 安排）要求赔偿，还是向特殊目的机构（SPV，“间接”的 CFR 安排）要求赔偿。与直接 CFR 安排相比，间接 CFR 安排很少受到法律的约束。通常，这种交易的结构会导致只向 SPV 而不向作为发起人的政府要求偿付（见 IMF，2003）。

3. 对于非洲 RFI 项目的概述，可以参见 Alves（2013）和 Foster 等（2009）。

第二部分

资源融资的基础设施模式：起源与问题

John J. Beardsworth, Jr. 和 James A. Schmidt

免责声明

本研究报告由美国何威律师事务所的 John J. Beardsworth, Jr. 和 James A. Schmidt 起草。由世界银行提供资金。报告中所述的研究成果、诠释和结论仅代表作者本人的观点，与世界银行及其分支机构、执行董事会成员或其代表的国家无关。

第一章

前　言

"安哥拉式"交易。"以资源换基础设施"的"交易"或"互换"或"易货贸易"。自然资源（通常为碳氢化合物或金属矿石）丰富但支持经济增长的基础设施薄弱的国家创造了一种为基础设施融资的新形式。这种交易形式涉及一揽子安排，包括（i）政府将资源开发和生产许可授予私人开发商，（ii）按照与资源活动相关联的融资机制，政府得到基础设施。

专栏1.1　简而言之

资源融资的基础设施（RFI）模式是这样一种融资模式，即政府承诺将来自资源开发项目的未来收入用于偿还基础设施建设的贷款。这种模式的主要优势是政府可以提前获得基础设施，否则就必须要等资源项目产生收入后。这种新的融资模式与其他融资模式有类似之处，而且无论是为资源开发项目还是为基础设施建设项目采用该模式，都会像其他融资模式那样带来问题。

这类交易因其方式的新颖而引起关注，同时也因为在交易（特别是有关为交易的资源部分建立财政制度以及基础设施合同如何与融资机制联系起来）的谈判和实施过程中缺乏透明度，引起人们对涉事投资者（及其贷款人）和政府官员可能存在腐败和假公济私的怀疑而招致诟病。不幸的是，缺乏透明度以及对腐败和假公济私的怀疑不仅仅是这类交易让人担心的问题，也常常是许多国家的资源和基础设施项目令人担心的问题。还有批评认为，正如许多采用传统融资形式的项目一样，通过这类交易建设的

一些基础设施质量很差，涉及“面子”工程而不能满足一国的发展需求，并且/或者维护欠佳（或根本得不到维护）因而会迅速破败。

这些批评即使在某些特例中是合情合理的，也未必意味着这类交易采取的这种融资模式就存在缺陷。在本报告中，我们要做以下三点论述：

- 第一，我们考察了这种新模式（我们认为最准确的叫法是“资源融资的基础设施”（RFI）模式）的起源，以确定是否真的需要一种新的融资模式。
- 第二，我们对 RFI 模式、其理论上如何运作以及实践中如何发挥作用进行了分类和描述。我们认识到，在特定国家的特定环境中，具体运用这种模式时可能需要作出一定的调整（正如实施任何其他模式时一样）。
- 第三，我们确定并描述了在具体交易中采用 RFI 模式时，政府、投资者、捐款人和其他利益相关方应该考虑的结构、资金和运营方面的问题。

我们发现，RFI 模式起源于政府和私营公司已经采用了十年或更长时间的其他模式，并填补了这些模式间的空白。随着我们对 RFI 模式及其前身模式进行分类和描述，这些起源和空白会变得清晰起来。简而言之，RFI 项目以针对资源开发和生产部分建立一种财政制度为起点——正如任何资源开发项目一样——并继之以建立一种信贷安排，这种信贷安排基于政府以资源部分产生的稳定收入所作出的承诺。之后，政府可以用该信贷安排建设非相关的基础设施。RFI 交易的基础设施部分可以安排为政府采购项目，由政府百分之百所有，或者按符合公私合作（PPP）交易的任意一种分摊比例分摊所有权。

我们发现，采用 RFI 模式会带来许多和前身模式同样的问题，同时还会产生一些必须得到确认和解决才能使 RFI 交易获得成功的新问题。从本质上来说，RFI 模式与任何其他融资模式相比无所谓好坏。如果风险和问题能得到适当的确认和处理，我们认为在某些情况下采用 RFI 模式能为一国及其公民带来极大的好处，这主要是通过建立一种融资机制实现的，这种融资机制能促进基础设施建设，从而能较任何其他模式提前数年带来经济增长和社会效益。最后，具体 RFI 交易的成功还要取决于妥善的安排和实施。

第二章

资源融资的基础设施模式的起源

不清楚政府官员和代表投资者及贷款人的团队在谈判我们现在可以认为是采用了资源融资的基础设施（RFI）模式的某种变化形式的首批交易时，是否知道他们采用了一种崭新的模式，还是认为他们只是将已有模式以略微不同的方式加以合并而已。参与谈判的团队无疑是了解已有模式的，并且会发现他们自己在试图填补这些模式之间的空白。而通过试图在谈判所涉及的特定情况下填补这种空白，他们最终开创了我们事后看来是崭新的一种模式——RFI 模式。

在这一章中我们将着眼于 RFI 模式的“母体”——那些早在 RFI 模式诞生前就在全球各地经常被采用的模式。我们概括了每种模式的主要特征，然后对每一种模式进行了 SWOT（优势、劣势、机会、威胁）分析。在这一章的最后，我们找出了被 RFI 模式填补的已有模式间的空白。我们强调，这些模式中的每一种在运用于具体交易时都可以进行大幅度的调整，以应对交易的特定情况或者配合根据全球金融市场情况随时变化的一般市场考量。

传统的资源开发模式

传统的资源开发模式（图 2.1）长久以来被用于碳氢化合物、矿石/矿物和其他面向出口的项目。就采掘项目而言，交易通常基于许可证制度，其中有代表性的是石油法和矿业法。根据许可证制度，开发商可以申请勘探和最终开发和/或生产的许可证。

传统的资源开发模式始于资源开发法，该法规定了投资者申请（有时

图 2.1　传统资源开发模式示例

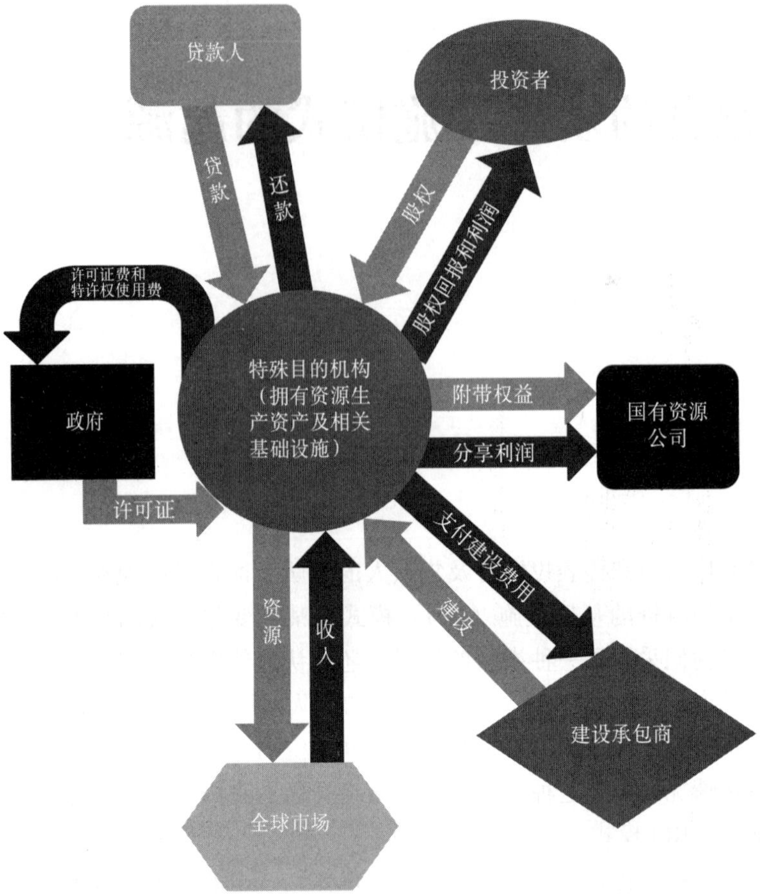

资料来源：作者。

是通过投标争取）勘探许可证应遵守的程序。在多数情况下，特别是对非碳氢化合物资源的勘探活动而言，允许投资者申请覆盖某一地理区域的勘探许可证。这种许可证在授予的时候会带有指定的期限，而且只要投资者积极认真地进行勘探活动就依然有效。勘探活动的开展以股权投资做保障，而通常失败的风险很大：即使最初的地质指标表明极有可能蕴含资源，但要找到有足够规模或质量从而可以利用现有技术进行商业性开采的储量也是很困难的。

专栏 2.1　投资者

在本研究报告中，我们把“投资者”或者“开发商”看作在项目开发前、项目开发和实施的各个阶段贯穿始终、保持不变的实体。这种方式有助于对资源融资的基础设施（RFI）模式的起源以及考虑 RFI 交易时所要应对的问题的理解。然而，按照大多数模式开展实际项目时，投资者不会是一个单一不变的实体。它可能是由几个公司组成的联合体，而这个联合体的成员会随着时间变化，特别是在资源交易从勘探阶段过渡到开发阶段的时候。在项目融资和公私合作（PPP）模式交易中，投资者身份在项目完成融资前通常不会频繁变化，特别是在交易文件限制了初始投资者从授标到建设阶段完成期间，甚至直到项目运营阶段开始一段时间后，减持股份的能力的情况下。由于投资者身份会随着时间变化，无论采取哪一种交易，项目的资源和资金都会变化，投资者需要面对的问题和谈判的立场也会随之变化。

通常，投资者必须与政府分享他们勘探的发现——很多时候还包括钻探活动得到的矿石样本。如果投资者要放弃努力并让出勘探许可证，其他感兴趣的投资者可以对勘探信息进行评估，然后决定是否在该区域展开新的勘探活动——很有可能是为了寻找不同的资源。即使在一种渴望得到的资源已被锁定位置的情况下，有时进一步开展充分的勘探活动以确定储量的规模以及资源开发和上市的成本可能还需要数年的时间。如果一旦决定着手做下去，投资者就要申请开发和生产许可证；如果决定不再做下去，投资者就要让出其对勘探区域的权利。就本报告而言，该讨论的一个重要结论是：在勘探阶段，资源投资者没有机会进行 RFI 交易，因为在开发阶段之前是无法预测收入流的。

在碳氢化合物领域，特别是对于石油和天然气的勘探，许多政府采取了圈定勘探区块，进行拍卖或者以固定价格出售的做法。这些区块的勘探许可证要求许可证持有人进行认真持续的勘探活动。发现资源后，通常需要更多的时间来验证具备足够可靠性的资源的范围，以便投资者作出是否将勘探许可证转换为开发和生产许可证的决定。

当投资者确信已经证明存在具备商业可行性的资源，不论是否是碳氢化合物，投资者会联系所在国政府并寻求将其勘探许可证转换为开发和生产许可证。将勘探许可证转换为开发和生产许可证的程序由相关的资源法律界定，而政府保有某些区域的自由裁量权，可以与每个投资者进行谈判。在某些情况下，勘探许可证的转换还可能包括与开发和生产许可证覆盖区域相邻的额外勘探区域的划拨，目的既是为了保护投资者不受竞争影响，也是为了在最初的开发区域产出的资源数量低于预期的情况下能够收回投资。在被授予开发和生产许可证后，投资者要向项目注入资金（无论是以债务还是以股权的形式，或者更有可能的是以两者的结合）以便开展开发和生产活动。所需的资金通常非常巨大，同时投资者希望通过在全球市场出售资源逐渐获得投资回报（包括债务偿还）。投资通常以能够“保证安全”的方式进行，即开发某种特定资源（比如，来自某一石油生产许可证覆盖的区域）所用的贷款资金由那种资源带来的收入进行偿还——其中利润分红来自收入扣除投资和运营成本余下的部分。分配项目周期期间资源带来的收入所采取的典型结构将确保首先开发成本可以完全收回，其次利润将得到分配。因此，政府在资源生产的头几年有可能获得温和的收入流，而之后则能得到更高的收入流。在评估是否进行一项投资时，投资者要随时留意资源的范本价格、“已证实”的地下资源的数量和价值（在勘探阶段所确定的）以及开采和加工资源并将产品投放到全球市场的成本。

在传统资源开发模式中，政府的角色主要是监管者，发放和执行许可证，不过某些参与权还是留给了国有资源公司。通过这些监管机制及其具备的其他权力，政府将实施相关的环境和社会法律以及其他任何适用于资源开发业务的法律。

专栏 2.2　双重身份的风险

当国有资源公司成为“投资者”的一部分时，政府会发现自己，从本质上说，同时处于发放和执行资源开发和生产许可证谈判双方的立场上。在项目融资模式交易中，政府有可能承担双重身份，一方面成为项目的贷款人，另一方面又是项目的部分所有者或者项目的唯一购买方。在公私合作（PPP）模式交易中，正如下面讨论的那样，政府很可能具有双重身份。

从交易模式的角度看，无论是资源融资的基础设施（RFI）模式、项目融资模式，还是 PPP 模式，分析和分割政府的双重，甚至多重身份并不是一个复杂的过程。如果项目取得成功，那么双重身份可以为政府提供又一个收入来源，还能使政府通过进入董事会对公司的运营有更深入的了解。

但尽管可以由此获益，但政府在主要交易中的双重或多重身份也会逐渐造成许多问题，特别是在政府因为担心参与项目的国有资源公司将失去其能够分享的利润而丧失了执行许可证和合同权利，或者是环境或社会标准的动力的时候。当负责谈判和执行许可证、项目文件以及监管国有资源公司运营的是相同的政府部门时，这些问题尤为严重。

对政府在主要项目中的双重身份的全面讨论不在本报告的范围以内，但我们建议，至少政府应该确保不让同样的人员作为谈判的双方参与或负责谈判，或者对政府和项目公司之间可能出现的对立进行处理。

政府以特许权使用费和税收，以及/或者产量分成权的方式从资源项目获得的收入，这是法律或相关许可证所规定的。在某种程度上，如果有一家国有公司在项目中拥有一定份额或者行使了保留的参与权，不论是获得利息支付还是附带收益，政府就可能通过股息获得额外的收入。此外，在一些国家的资源开发项目中，开发商要向政府或国有的合作伙伴支付“签约费”。

在开发资源采掘项目时，开发商可以在资源所在地之外投资以便产品能够进入市场，或者将工人吸引到资源所在地。投资可以包括道路、铁路、管道、港口设施、工人生活区、医疗诊所、工人生活区的市场建筑和住房及诸如此类的东西。尽管有一定的公共效益，但这些“相关设施”投资主要是为了帮助资源采掘顺利地进行。通常，资源开发公司会在资源采掘项目期间出资建设、运营和拥有相关设施（或保有其使用权）。

表 2.1 中给出了对传统资源开发模式的 SWOT 分析。

表 2.1　传统资源开发模式

优势	劣势
• 全球知名且在全球得到广泛使用。 • 开发商、政府和贷款人都非常了解。 • 在资源开发区经常需要进行社区开发。 • 投资的成本和风险由开发商和贷款人承担；产品在全球市场出售，因此政府不存在过度高估的风险。 • 全球性动议，如采掘业透明度行动计划（EITI），寻求强制实施透明度要求。 • 政府可能需要负担的成本有限——投资由开发商承担。	• 由于资源开发商和监管者之间存在财力差异，政府监管经常很薄弱。 • 发放开发和生产许可证与政府得到第一笔收入之间的时间经常很长。 • 开发商虽然有动力建设必要的相关设施，但却没有动力为国家发展目标做贡献。 • 竞争通常不可能出现，特别是针对硬矿物的开发。石油/天然气的勘探区块有时是拍卖的。 • 融资的不确定性导致项目执行前的等待时间很长。
机会	**威胁**
• 对相关设施的投资可以为许可证覆盖的资源区之外的地方带来就业和服务。 • 政府在进行开发和生产许可证谈判的时候有谈判筹码。	• 资源或矿业法不健全会使交易不透明，造成政治风险。 • 在资金没有明确地指定到国民经济核算账户下的时候，采用“签约费”的做法会显得像是腐败。 • 可能会出现内乱，如果资源开发（i）似乎在为大众带来任何效益前，为资源开发商创造了大量财富，或者（ii）似乎未能给当地（相对于国家）带来任何效益。

资料来源：作者。

传统的政府基础设施采购模式

政府长期以来都在为其居民购买和建设基础设施。这些项目的资金来自税收收入、债券发行，偶尔还有银行贷款。发展中国家长期以来都在利用赠款和优惠贷款（来自世界银行或其他机构）建设基础设施。对于资源丰富的国家而言，资源生产特许权使用费收入和政府的税收收入、参与资源开采行业的国有公司得到的股息都可以成为重大基础设施投资的资金来源。

按照传统的政府基础设施采购模式（图 2.2），没有私人开发商，同时，使用的是主权资金，不需要建立一种财务模式向贷款人或投资者表明每个基础设施投资都会产生足够的收入，从而能“偿还”投资。许多最基本的基础设施项目（如道路、学校、电力输配系统和医院）可能不会直接

图 2.2 传统的政府基础设施采购模式示例

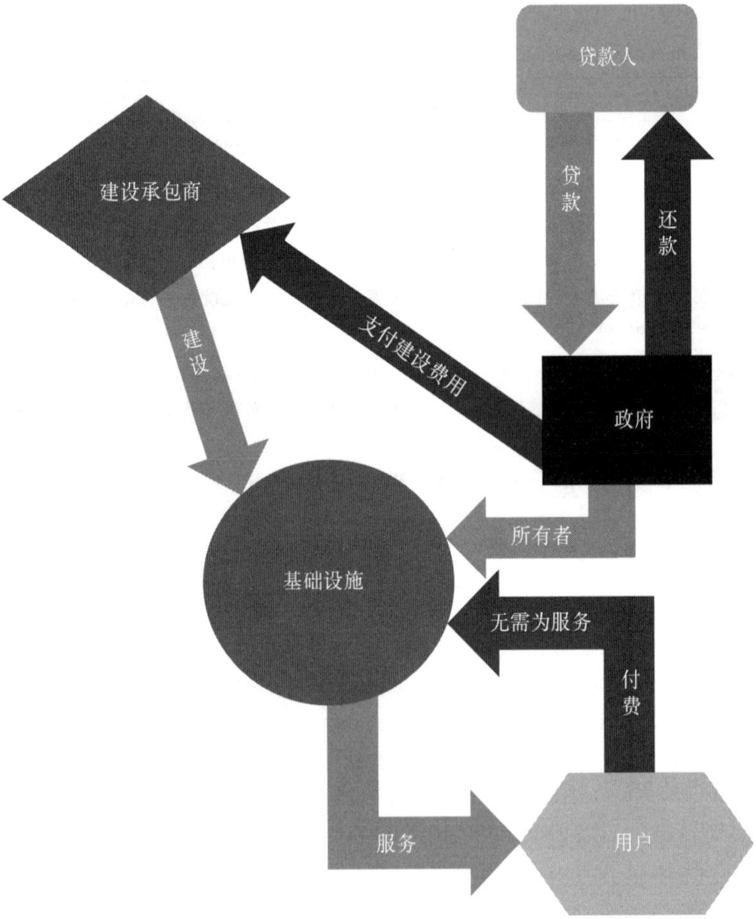

资料来源：作者。

产生大量收入，但被普遍视为对经济增长是必不可少的——这反过来又最终会产生更多税收收入。政府可以决定建什么基础设施、什么时候建——假如它有钱或者能够借到钱来支付投资的话。

在建设合同层面，竞争直接被政府强制引入，因为政府可以直接为工程设计、采购和施工（EPC）合同以及业主工程师服务等招标。另一方面，政府可以要求国有的设计和建设公司（例如，在公路部门监督下）来直接实施项目。即使在这样的情况下，设备和原材料供应方面也可能存在竞争。无论在哪个层面上，竞争程序的有效性都取决于招标文件的说明有多明确以及根据适用采购法所采用的程序的透明度。在项目由贷款人或赠款提供者出资的情况下，这些出资者也可能会对招标程序提出要求并/或引入施工监理顾问，通常是以限制性援助的形式。

就参与而言，私营部门将充当政府的承包商。例如，建设公司会投标建设公路或建筑而没有项目的任何所有者权益。在某些情况下，无论在发达国家还是在发展中国家，腐败都以过高的承包价格的形式出现，并伴以给官员和政治家的回扣。一个有着透明的招标程序的健全的采购法可以将这种情况的发生率降到最低。

表 2.2 给出了对传统的基础设施政府采购模式的 SWOT 分析。

表 2.2　传统的政府基础设施采购模式

优势	劣势
• 政府可以决定建什么设施，什么时候建。 • 可以根据经济增长的需求决定建设基础设施项目，无需考虑项目每个构成部分能产生的现金收入。 • 对建设承包商或者设备和材料供应商的雇用可能采取竞争形式	• 建设基础设施的能力取决于是否能通过税收收入或借贷获得资金。 • 政府获得的优惠贷款常常主要用于建设新的基础设施，而不是对已有资产的维护或审慎运营。 • 部分赠款资金会拨给“面子”工程，而这样的工程建成后往往得不到很好的维护。
机会	**威胁**
• 政府采用“业主工程师”作施工监理可以改善施工质量。 • 对每个项目的成本和效益进行扎实的分析能确保基础设施建设能以谨慎、阶段安排得当的顺序进行。 • 审查项目和承包商的程序组织良好能够提高透明度并增加利益相关方的广泛性，赢得政界和社区的支持。	• 由于管理建设项目的官员可能受到贿赂的诱惑，因此存在腐败风险。 • 公共采购程序存在不足，导致承包不透明。 • 即使是在优惠的基础上接受“限制性援助”贷款，也可能导致基础设施项目费用增高。 • 重点放在新设施的建设而不是对已有资产的维护，可能导致基础设施资产的迅速退化。

资料来源：作者。

项目融资模式

与上面讨论的模式相比，项目融资模式（图2.3）的产生较晚。自20世纪80年代晚期开始，项目融资作为一种模式开始成为发展中国家将私人资本引入基础设施交易的重要途径，而且在信贷市场条件、建设合同条款以及政府决定外包给私营部门的项目类型等不断变化的情况下，这种模式依然保持着活力。这也是全球的私营部门在非基础设施投资方面采用的一种主要的融资模式。

在项目融资模式出现之前，公司根据财务实力开发项目。开展的每个项目都是通过（i）公司出售股票，（ii）利用公司各项活动所得的收益，和/或（iii）公司通过发行债券或向银行借贷等举债行为来开发的。这种方式使得公司可以将全部资产作为杠杆以赢得对其新商业活动或拓展原有活动的支持，但这同时也意味着任何新的重大活动都可能是“以公司为赌注”

图2.3　项目融资模式示例

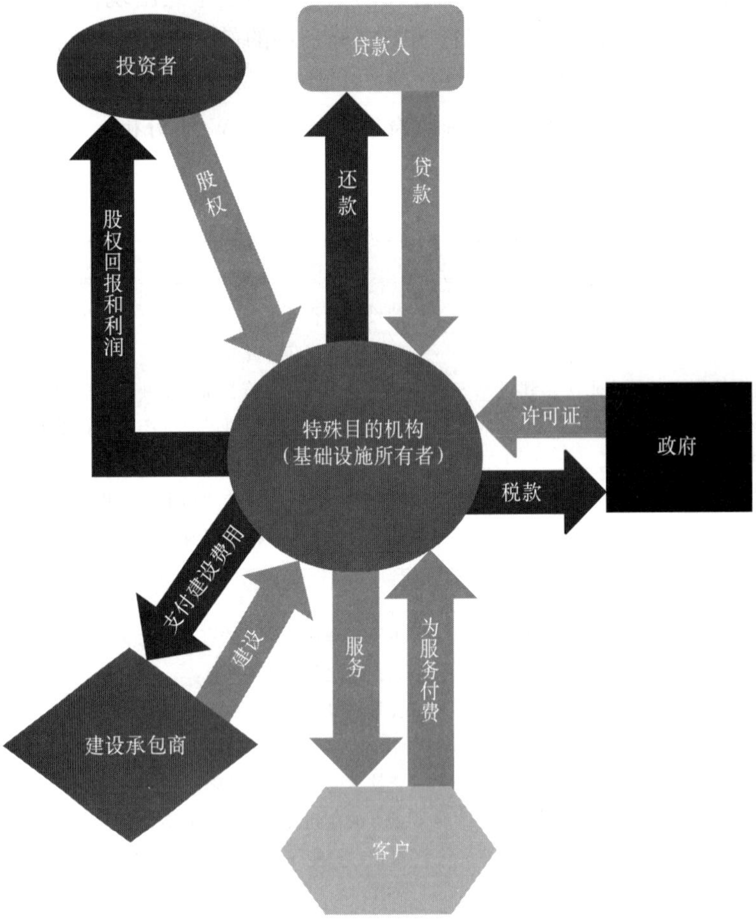

资料来源：作者。

的冒险。这种任何新的活动都有可能使公司陷入破产的风险，使得一些公司的董事会变得非常谨慎，同时也抑制了扩张和创新。然而，按照项目融资模式，公司可以通过限制对每个项目投资的风险敞口，使一个项目的失败不会造成除了投入该项目的净资产外的其他损失，以保护公司的整体财务状况。这种创新使那些有名望的公司可以对新的活动或者在新的地点进行投资，同时又能保护好其余的资产。

渐渐地，项目融资模式受到新的、规模更小但充满活力的开发商的欢迎，它们能够通过股权和债权吸引到足够的资金为项目出资。这些开发商带来了技术能力，可以解决与项目相关的问题；财务能力，可以编制出财务上可行的项目文件，使项目在整个运营生命周期能产生正的现金流；管理能力，以便在开发、建设和运营各个阶段都能进行高效的管理。

在按照项目融资模式进行的基础设施交易中，开发商或政府首先要做的是确认并界定私营部门可以参与的基础设施项目。感兴趣的开发商对项目作出的安排使它可以保护自己的财务状况，免于出现对项目不受限制的风险敞口，从而专注于项目自身的可持续性。这种保护意味着项目必须产生或预测会产生足够的月收入，以便支付（i）运营成本及（ii）投资成本和利润。换句话说，项目必须被视为能产生足够的收入以证明投资的合理性，同时能产生定期现金流来确保项目能够支付每月的支出。开发商、开发商的贷款人和政府都明白如果项目不能带来足够的收入，或者收入不足以确保能支付每月的账单，那么项目就会失败，不论是因为开发商（或其承包商）的开发工作欠佳，还是项目购买方（特别是如果政府实体是唯一购买方，就如将独立电力项目（IPP）出售给国有配电公司的情况下）不付款，抑或任何其他原因（如出现持久的不可抗力）。在这种情况下，除了项目文件中规定的资源，开发商、政府或其他实体不会获得其他资源。因此，项目总是由“特殊目的机构”（SPV）承担，这是专门为承担项目而成立并得到资金的公司。

项目融资模式类似于传统资源开发模式的开发和生产阶段，但与该模式本身显著不同。对资源项目而言，早期勘探工作需要大量资金，是在百分之百股权的基础上进行的，而且勘探活动进行竞争性招标的机会非常有限，除了（如上所述）某些石油/天然气勘探活动。当拥有勘探许可证的资源开发商有所发现，它通常有权将勘探许可证转换成开发和生产许可证，这时项目就可被认为是可以融资的，因为有可能存在资源，即使尚未探明。然而，按照项目融资模式，在项目被认为是可以融资的之前所需要的早期股权投资数额通常大大低于取得资源勘探许可证情况下需要的股权投资数额，而且主要取决于是否找到了合适的项目、如何编制适当的文件（包括许可证）以及怎样建立一种表明在可行的情境下会产生正现金流的财务模式。

政府在项目融资模式交易中的角色从本质上说就是授予必要的许可证，

然后让项目得到开发和运营。在许多情况下，政府还可以直接或通过代理机构来充当招标实体，特别是在国有企业是项目的唯一购买方的情况下（正如上面所述 IPP 的例子）。在发展中国家，很多时候购买方本身缺乏信誉（因此该实体根据承购合同许诺进行支付并不能使 SPV 变得具有信誉），这时也许就需要政府担保才能使项目融资成为可能。然而，与资源开发模式不同，项目融资模式的产出通常都用于国内，特别是对基础设施项目而言。因为担心负担能力，产品定价是一个比在资源模式下更让政府担心的问题，而资源模式下的产品通常是在全球市场出售的。

对于由私营部门承担的项目融资交易而言，政府的收入主要来自对公司利润征收的所得税。在一个项目包含资源部分的情况下，例如坑口燃煤发电厂或利用当地天然气的燃气轮机发电厂，政府还会收取资源生产特许权使用费（如上述的资源开发模式交易中一样）。尽管如此，政府获得的主要好处是得到了建成的基础设施——这些设施能提供居民愿意付费的服务——而无需动用自己的资金。政府获得的第二个主要好处是私营部门所有者有动力在整个项目投资生命周期内为持续的运营和维护（O&M）支付费用。为了使对居民的收费维持在较低水平，特别是在运营初期偿债负担很重的情况下，政府会常常给予免税期以使 SPV 提供的产品或服务能够更便宜，或者给予转借优惠融资以降低服务的收费价格。

表 2.3 中出了对项目融资模式的 SWOT 分析。

表 2.3　项目融资模式

优势	劣势
• 政府不用以实际的国家资金作出承诺，即可得到基础设施服务。 • 私营部门的参与为开发和运营带来了专业知识和技能。 • 依靠项目现金流偿还投资，使所有者有动力在整个经济寿命内保持资产。 • 模式是投资者、贷款人和其他利益相关方非常了解的。	• 基础设施投资要求对定期的、及时的现金流作出预测，以实现融资。 • 在预测项目不会产生收入或收入不足的情况下，模式没有主权支持/补贴就行不通。 • 如果现金流不定期产生或者有“起伏”，就很难对项目进行安排。 • 在投标前需要展开大量的前期工作以界定项目，包括界定基本的政策目标。
机会	**威胁**
• 在收入预测支持投资的领域，安排合理的项目对投资者和贷款人具有吸引力。 • 金融和商业创新创造了开发更多项目的机会。 • 精心准备招标文件并提供适当支持的政府将吸引竞争性投标。	• 安排欠佳的项目可能造成大众负担不起。 • 准备不充分的招标文件可能造成投资者的兴趣低下，或者在招标和融资之间出现长时间的延误。 • 需要有力的法律和政策框架，以确保投标过程的透明度并为投资者和贷款人提供确定性。

资料来源：作者。

公私合作模式

PPP 模式（图 2.4）的基础设施交易是四种作为 RFI 模式前身的基础设施融资模式中最新的，或者更准确地说是最新命名的。在过去 10—15 年中，PPP 模式已经成为独立模式的一种通称。它与项目融资模式类似，可以被视为后者的一种变形，但 PPP 模式为政府在最初和之后随时参与留下更多空间。该模式常常在原本考虑采用项目融资模式的交易，但因为需要填补一个只有政府才能填补的项目风险缺口而行不通的情况下被采用。由于可采用的方式很多，因此它是一种非常灵活的模式。

按照 PPP 模式，政府决定邀请私营部门参与项目（通过提供资金和专业知识与技能），并可能提出共同投资于适当的项目。PPP 模式可以被视为法国多年前的对公共服务采取的“特许”方式的衍生物。根据这种方式，

图 2.4 公私合作模式示例

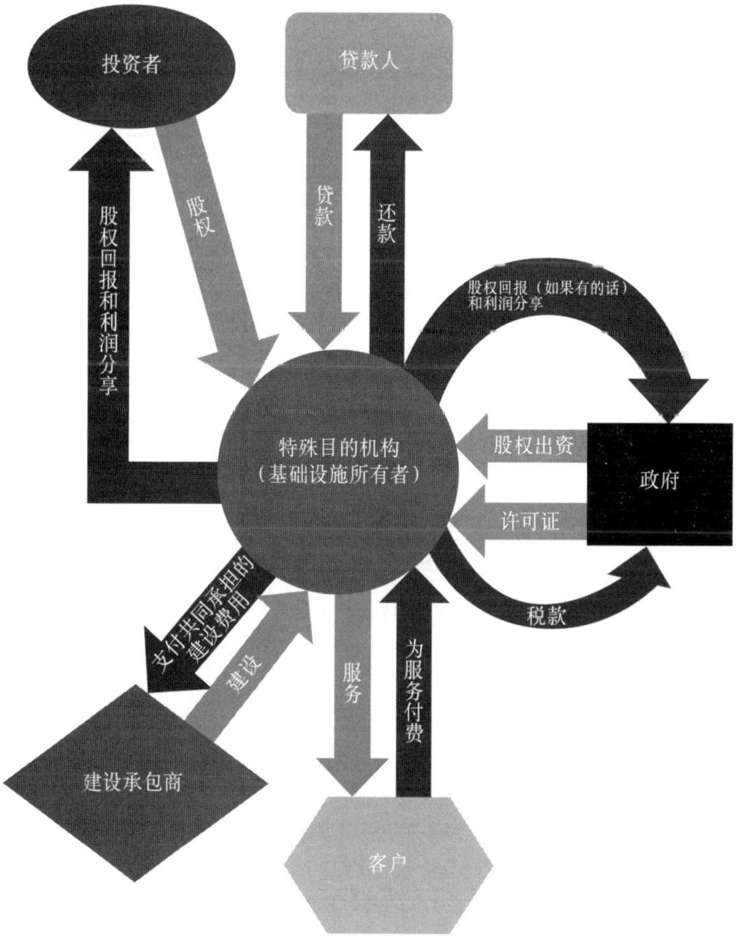

资料来源：作者。

拥有公共服务实体（如供水系统）的国家机构或城市当局决定让私营部门运营和维护该系统，同时将不断进行投资的责任长期转让出去（通常是很多年）。由此产生的“特许”就是提供这些服务的 PPP。在其他情况下，政府可能提出转让土地或其他现有资产，同时还有“免费”的许可证，以换取对项目 SPV 的持股。正如项目融资模式的情况一样，PPP 模式可以通过竞争性招标生效。根据交易组成部分的结构安排，收入无需用来偿还全部投资，只要收入能支付项目的运营和维护支出、偿还以 SPV 名义所借的贷款并收回开发商的股权投资且带来回报即可。

在很多国家，开发商被各种 PPP 模式项目所吸引。在某些情况下，PPP 项目与某个单一业务的管理合同相差无几。而在另一些情况下，PPP 项目可能与项目融资模式下的项目基本一模一样，许多采用项目融资模式的项目需要政府参与，比如使用现有的工业设施或场所，以换取持有少数股权。最后，在 PPP 模式的基础设施交易中，私人开发商和政府可以宣称他们是提供基础设施服务的“合作伙伴”。这种灵活性使该模式十分稳健和实用。

表 2.4 给出了对 PPP 模式基础设施交易的 SWOT 分析。

表 2.4　公私合作模式

优势	劣势
• 非常灵活的模式所给予的巨大空间使得对具体交易的设计安排能满足政府和其他利益相关需要。 • 政府的参与可以减少私人投资者所感到的风险。 • 适当的风险分担可以限制政府对于私人投资者糟糕表现的风险敞口，以及私人投资者对于其无法控制的经济或市场风险的敞口。	• 灵活性意味着每个交易必须在习惯的基础上得到精心的安排——PPP 的多种模式必须得到仔细分析。 • 在交易不是以具体项目产生的收入流为基础得到融资的情况下，需要政府对项目持续的支持。 • 除非政府愿意让项目失败，否则表现不好的项目可能需要大量的公共财政支持。
机会	**威胁**
• 模式的灵活性使政府能够在原先私营部门无法涉足的领域吸引私营部门的专业知识和管理技能。 • 透明的投标程序和对项目的认真筹备能为政府带来最好的结果。 • 调动私营部门的经验为已经确定的公共政策目标提供支持能够增强可持续性。	• 项目糟糕的筹备和/或执行可能导致私营部门合作伙伴过度盈利和/或未能充分完成协议的服务。 • 政府在项目中的合作伙伴关系并未解除政府监督项目和进行监管的职责。 • 除非股权投资者、贷款人或政府提供额外的资金，否则表现不好的项目可能会导致项目公司破产。

资料来源：作者。

当心空白

现在我们已经看过在 RFI 模式诞生之时四种得到普遍应用的模式。显然，这些模式对许多项目而言是有用的，但同样明显的是这些模式留下了有待填补的空白。此类空白有哪些呢？

- 传统的资源开发模式对政府来说是将自然资源转化为现金以及获得提供公共基础设施所需资金的绝佳办法。**但是，**在采掘活动的“第一铲”和可以用于获取基础设施的政府“收入流”开始产生之间的时间通常接近 10 年。需要找到一种方法，使政府不用等收入流产生就可以获得基础设施，以填补这一差距。

- 传统的政府基础设施采购模式为政府确定并获得基础设施提供了清晰的途径——但只能在资金允许的范围内。政府可能需要根据经济增长模式或其他通用的健康和福利参数向捐款人和其他潜在贷款人证明投资的合理性，但不需要证明特定投资本身会直接产生收入。**然而，**发展中国家获得资金的能力是有限的，即使是通过主权借贷，而且许多发展中国家尽管其自然资源丰富，但已经耗尽了用这种模式筹集资金的能力。更糟糕的是，在很多情况下，捐款人愿意出资建设基础设施（甚至鼓励政府将能够得到的资金用于这个目的），却几乎不在意或不付出努力确保可持续性。因此，由于运营和维护不佳，许多昂贵的基础设施项目最后都破败坍塌了，结果政府只剩下不能用的基础设施和大量主权债务。需要找到一种方法，让政府即使不用筹资或进行主权借贷也能获得基础设施来提供基本的服务，以解决这一问题。
- 项目融资模式是政府不用凭借资源就能吸引对基础设施的投资的绝佳途径，因为私营部门承担了完成建设和进行运营的风险，但前提是现金流足以及时覆盖项目的运营和资本费用。因此，这种模式对于为电信、电力、旅游和机场投资筹集资金非常有用，因为中产阶级和商务客户是付费服务的可靠收入来源，同时私营部门能够管理完成建设和进行运营的风险。**但是，**在发展中国家，大众需要的基本服务很多，包括洁净水、小学和更好的公路等。政府知道提供这些基本服务能引发经济增长，使收入增加并进而带来税收收入的增长，但政府也知道在经济增长开始前很多人无法支付基本服务费用。需要找到一种方法，使政府能通过私营部门的参与获得基础设施，而无需凭借资源，同时又不期待项目产生的收入会用来偿还基础设施投资，以解决这一问题。
- PPP 模式为政府吸引对基础设施的投资提供了清晰、灵活的方式。对于有着清晰现金流（不论来自项目收入、其他承诺的收入来源、政府承诺的支付，还是各种来源的组合），足以覆盖开发商的运营和资本费用的那些项目，完成建设和运营的风险由私营部门承担。这一模式的灵活性激发了多种创造性的方式，使得该模式更有益于具备边际收入的项目，或者那些政府可以拿出现有资产来降低项目的资本费用从而降低用户费用的项目。**但是，**尽管这种模式很灵活，采用这种模式的项目最终不可避免地会出现众所周知的情况，即投资最终是要偿还的，同时，来自某个具体来源的安全且可预测的现金流，甚至一个将用主权支付弥补收入缺口的承诺，对实现基础设施融资是必不可少的。需要找到一种方法来找出某种现金流，这种现金流可以让政府无需凭借资源就能为基础设施融资，同时让 PPP 模式固有的灵活性得到发挥，以便获得私营部门参与提供基本的政府服务所带来的好处，来解决这一问题。

RFI 模式的形成受到填补项目空白的需要推动。在这些项目中，政府渴望为居民提供更多基础设施，资源开发商渴望获得有价值的自然资源，而贷款人愿意为连接并促使上述两种愿望的实现而提供贷款。

第三章

资源·融资的·基础设施

资源融资的基础设施（RFI）模式（图 3.1）是一种机制，通过这种机制，政府可以获得基本的基础设施而无需先产生足够的收入来支持该融资。如果政府希望私营部门参与项目，并且希望项目能利用无追索权或有限追索权融资，从而使国库避免出现信贷风险敞口，那么在这种情况下该模式能发挥作用。在政府当前没有资金进行投资，并且由于和国际货币基金组织（IMF）或者其他捐款人机构的协议而无法进行主权借贷的情况下，这种模式能发挥作用。政府将一种资源的开发和生产许可证授予私人开发商，另外，作为授予许可证协议的一部分，或者在授予许可证的同时或之后，政府能够以资源开发项目的预期收入流为抵押进行借贷，在这种情况下该模式也能发挥作用。

从本质上说，RFI 模式涉及一个互相联系的三步程序：

- 与寻求将其勘探许可证转换为开发和生产许可证的资源开发商就资源开发和生产许可证达成协议。一旦发放后，该开发和生产许可证必须具备一个严格的开发时间表和资源生产开始后能给政府带来清晰收入流的财务制度。收入流包括产量分成信贷或生产特许权使用费、其他税收所得、持有项目所有者权益的政府所有实体应得的股息。
- 将政府对资源生产项目未来产生的部分或全部收入流所拥有的权益抵押给贷款人以换取贷款，贷款（本金和累积利息）只能用作为抵押的收入流偿还。例如，政府可能仅将生产特许权使用费作为抵押，或者可能将全部收入作为抵押。在某些情况下，特别是在碳氢化合物生产分成协议中，作为抵押的资产可能包括政府对出售其“成本油或天然

图 3.1　政府掌握基础设施部分所有权的 RFI 模式示例

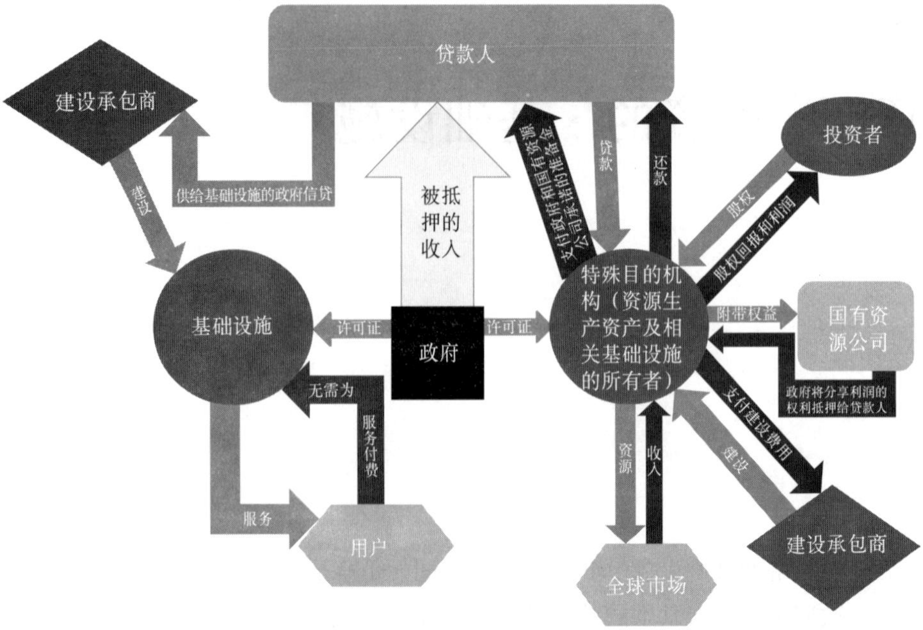

资料来源：作者。

气”以及“利润油或天然气”份额所得收入的权利（直接或通过国家石油公司）。抵押的收入流越大，政府能够得到的贷款就越多。

- 通过与专门从事某类基础设施开发和建设的实体签订承包合同，利用政府所获贷款建设基础设施。贷款将提供基础设施建设所需的资金，甚至可能提供基础设施运营和维护（O&M）所需的资金，同时，偿债资金将来自作为抵押的、由资源生产项目产生的收入流。一旦债务偿还完毕，或者某一年的年收入超过了当年需要还款的额度，则资源收入流的余额将支付给政府。

资源融资的基础设施模式：与母体类似，却是一个独特的后代

RFI 模式脱胎于传统资源开发模式，在于它以为一个资源开发项目找到许可证持有者为起点。它与传统模式的不同之处正如下面所讨论的那样，它要求找到一个能给项目带来贷款人的资源开发许可证持有者。而贷款人愿意向政府提供无追索权（或者至少是有限追索权）的基础设施开发信贷，只要政府以资源开发项目的未来预期收入流为抵押即可（图 3.2）。

专栏 3.1　对于一个项目而言，政府需要三个对应方？

如上所述，采用资源融资的基础设施（RFI）模式的政府将分别与资源开发商（就开发和生产许可证）、贷款人（就贷款）以及基础设施开发商（就项目的基础设施部分）达成协议。利益相关方将这些部分分开处理并认真对待每一方在项目的结构安排、谈判和实施阶段的不同的利益和风险是十分重要的。将 RFI 交易作为由三个相互作用的部分组成的互相关联的整体，显然会使政府在整个过程中处于核心和控制地位。

然而，到目前为止的经验表明，在政府开始谈判 RFI 交易的时候，三个对应方常常已经结成联盟并协调了彼此的立场。有时，资源开发商承担起协调基础设施建设的责任；有时，只要使用特定承包商，贷款人就将提供优惠贷款——对于政府要求的那类基础设施来说，该承包商也许并非是最有资质的；有时，谈判在政府间层面展开，政府会提出在“一揽子”交易的基础上由外国直接投资（FDI）资源生产和基础设施建设，资金则由国家开发银行提供。

政府寻求推动本国资源和建设公司在海外市场的利益，并且可能利用国家发展援助来进一步提升这些商业利益，这一点并不奇怪。与此同时，项目所在国政府还必须确保其国家利益得到保护。有时，作为一揽子交易的一部分，投资者提出组成银团对交易来说可能是最合理的。有时，资源开发商承担基础设施的建设可能最符合其利益，但情况并非总是如此。通过对 RFI 交易的三个组成部分分别加以考虑和进行谈判，确定拟议的银团参与对每个部分来说是不是理想的情况，政府在 RFI 交易中取得成功的可能性将大大加强。

RFI 模式脱胎于项目融资模式，在于它涉及利用基于预测（和作为抵押的）收入流的无追索权贷款建设新的基础设施。它与该模式的不同之处是：作为抵押的收入流不是基础设施投资本身带来的收入，而是资源开发部分为政府带来的未来收入流。

RFI 模式脱胎于传统的政府基础设施采购模式，在于政府可以决定用贷款建设什么基础设施，正如政府可以——在贷款文件规定的限制内——决定用主权贷款建设什么基础设施一样。RFI 模式与该模式的不同之处是：政府不是通过主权债务为基础设施提供资金，而是利用以资源开发部分带来的未来收入流为抵押获得的无追索权贷款。如果资源开发部分未能产生收入或产生的收入低于预期，政府不必对收入缺口负责——而在主权贷款协议下，政府则需要负责。

图 3.2 PPP 对基础设施部分共同投资的 RFI 模式示例

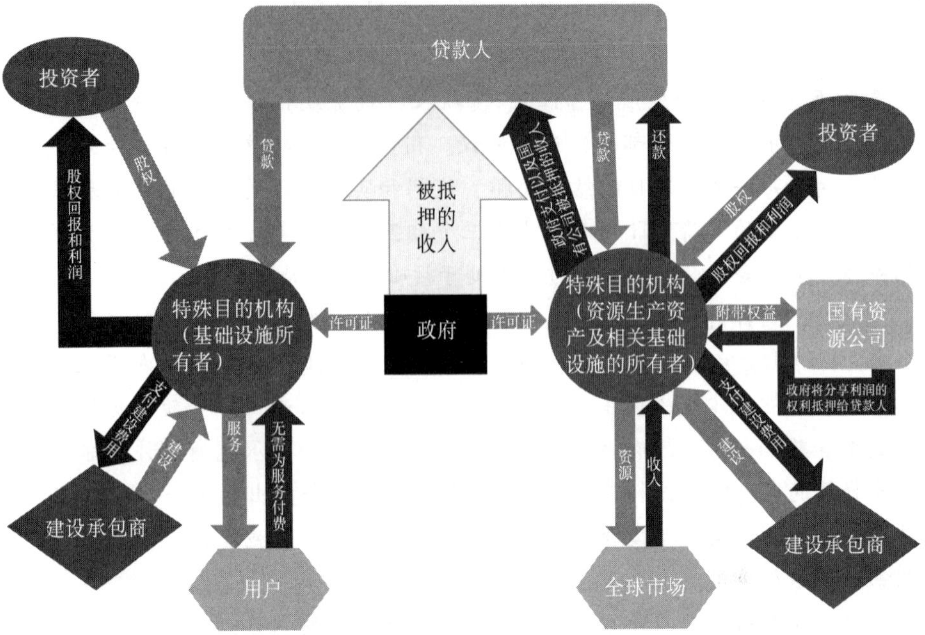

资料来源：作者。

最后，RFI 模式脱胎于非常灵活的 PPP 模式，在于私营部门可能以多种方式参与基础设施建设过程。RFI 模式与 PPP 模式的不同之处是：RFI 交易涉及资源开发、以政府从资源项目得到的收入为抵押以及基础设施建设——但基础设施建设不需要私营部门以股权投资者或合作伙伴的身份参与。正如下面所讨论的，我们认为将 PPP 模式的特点吸收到 RFI 交易的基础设施建设部分中有可能为政府带来巨大的好处。

在下面的章节中，我们将讨论 RFI 模式呈现的一系列财务、结构和运营问题，在具体交易中决定采用 RFI 模式之前认真考虑这些问题是值得称赞的。作为对这些问题讨论的概述，表 3.1 概括了对 RFI 模式的 SWOT 分析。

表 3.1 资源融资的基础设施模式

优势	劣势
• 对于需要基本基础设施的资源丰富国家的政府而言，该模式提供了新的融资机会。 • 资源部分以众所周知的资源开发模式为基础。 • 政府可以以未来收入流为抵押获取信贷，来开发基础设施。 • 基础设施部分可以作为政府直接采购的对象或者通过各种 PPP 安排进行开发。 • 政府可以将来自资源部分的预测收入作为抵押获得无追索权或有限追索权融资，进行基础设施建设。	• 这种新模式尚未为人所知或者没有被多数贷款人和投资者所采用，因此其成功实施的案例很少（如果还能称得上有的话）。 • 利用举债建设基础设施并将偿债资金与资源开发项目的收入流挂钩，可能较其他模式造成更高的资本化利息。 • 在资源勘探期内不能采用 RFI 模式，因为资源生产活动产生的收入流必须确定足以支持偿还政府所借的信贷。
机会	**威胁**
• 在政府无法采用项目融资模式以及无法获得主权信贷以开发基础设施的情况下，RFI 模式的交易为发展和经济增长提供了新的机会。 • 对于那些能刺激经济增长或者产生社会效益，且带来的经济增长和社会效益超出政府借贷成本的项目而言，RFI 模式是最适合的。 • 资源部分给政府带来的收入超出偿还信贷所需的部分仍是政府的财产，并将支付给政府。	• 政府必须担负起确保基础设施部分得到很好的设计、监督和实施的责任。 • 因为借款人期望将资源收入流作为偿债的抵押，就不可能像在项目融资交易中那样对基础设施部分投入同样的关注。 • 在建设开始前必须考虑基础设施的可持续性，否则基础设施可能会很快破败。 • 政府信贷安排对基础设施获得的合同限制可能会鼓励使用资质不够的承包商，或导致不合理的高建设成本。

资料来源：作者。

注：PPP = 公私合作。

第四章

资源融资的基础设施交易的早期经验

到目前为止，已经完成的资源融资的基础设施（RFI）类型的交易相对很少，只能得到很少几个交易的公开信息。从非政府组织（NGO）到国家议会的各种这类交易的外部观察者对交易的公平性和价值提出了质疑，而且还怀疑交易双方存在恶意交易（或者更糟的情况）。当然，任何模式下的任何交易都可能出现执行不力或者在执行中存在腐败的情况；而 RFI 模式中并没有特别的要素会增加这些风险。但是，RFI 模式的新颖以及对它了解的普遍欠缺加剧了人们的怀疑，加之缺少透明度，这都导致人们公开表达对其产生的疑虑。

此外，最早进行现在可以被视为第一批 RFI 模式的交易的各方（政府、开发商和借款人）可能并不了解他们采用的这一新方法的意义。已经实施的 RFI 交易的整体结构基本上是合理的，只有以“事后诸葛亮”的眼光来看待，这些交易才算不完美，特别是基础设施建设部分。

有关早期 RFI 类交易的公开信息有限，特别是关于基础设施建设部分的信息，可能使急于提高政府承包透明度的外部观察者感到沮丧。公开信息有限也可以被视为任何模式下都可能出现的对保密性的担心的合理产物，特别是对基础设施定价的保密。正如在资源开发领域一样，协调努力以便使基础设施的政府承包更加透明应该是一种有益的尝试，只要增加的透明度不会扼杀新项目的价格竞争就行。

在以下章节中，我们将对从有关 RFI 类交易的现有文件中收集到的一系列具体问题进行思考。我们相信，有一些重要问题是所有利益相关方在将 RFI 模式用于具体交易之前应该考虑的。这个清单并不十分详尽，而且没有包括在谈判和最终敲定具体的 RFI 交易时会出现的更多问题。接下来的三章主要聚焦财务、结构和运营等几类问题。

专栏 4.1 采用模式的时间表?

资源融资的基础设施（RFI）模式可能适合下列情况下的交易：(i) 政府不能基于主权（融资）获得足够的资源用以建设必要的基础设施；(ii) 必要的基础设施不能产生足够的收入，以便按照项目融资模式进行融资；(iii) 政府拥有的自然资源的开发和生产许可证正在谈判中，并且该资源可以和一笔信贷以及基础设施部分挂钩。然而，这个结论并不意味着只有在所有主权信贷来源都已耗尽之后，或者在项目融资模式或公私合作（PPP）模式的交易能独立吸引投资者的兴趣之前才能采用 RFI 模式。

即使在政府考虑采取 RFI 交易的情况下，针对某些领域（比如通信或发电）依然可以采用项目融资或 PPP 模式。政府还可以从税收、资产出售和其他来源持续地得到收入，而且这些资金的一部分可以用来建设基础设施。

换句话说，对于所有国家而言，没有在一种融资模式与另一种融资模式之间转换时必须要考虑的“时间表”或者一系列里程碑。鉴于 RFI 项目的成本（正如下面所讨论的），只有在新的资源项目预计会在几年内大幅增加政府的收入流的情况下，可能才最适合采用 RFI 模式。因为每个新的收入项目带来的预计收入流的规模必须至少与国家的经济同步增长才能被视为是“实质性的”，所以 RFI 模式可能更多地在小的、不发达经济体中被采用，而当经济体处于增长时期时则较少被采用——在这种时候，项目融资和 PPP 模式以及政府直接采购的模式会变得更普遍。但即使在相当发达的经济体中，一个重大的资源发现也会使 RFI 交易变成一种有吸引力的选择。

第五章

财务问题

主要融资特点分类

正如上面所讨论的，资源融资的基础设施（RFI）交易的主要融资特点有三个。第一，RFI交易要求具备资源开发部分，而且预计随着资源开始进入市场以及资源活动实现盈利，这部分能为政府提供收入流。与任何资源开发项目的情况一样，对未来政府从资源部分得到的收入流进行评估存在巨大的不确定性和风险。首先，在勘探阶段对资源作出的早期评估随着资源开发的展开可能会被证明是不准确的，而对开发和生产成本的早期评估可能会被低估。无论是由于这些原因，还是因为全球资源价格下跌，投资者都有可能放弃资源开发项目，导致最终没有收入产生。或者，出现以下几种没有这么激烈的情况：

- 如果错过资源开发的时机，那么政府的收入流开始产生的时间可能要大大滞后于最初的预期。
- 收入流数额可能大大低于预期，如果：
  —资源产量低于预期，不论是就某一年还是就整个生产期间而言。
  —开采成本高于预期。
  —资源售价低于预期。

这些风险会对资源开发商和政府造成影响，但对资源开发商（及其贷款人）的影响要比对政府的影响大得多。开发商必须投入大量资金才能启动资源开发阶段，包括进行相关基础设施的建设。只有第一批资源生产出来并进入市场后才能实现收入。政府的风险（获得的收入低于且晚于授予资源生产许可证时的预期）在于它选择了“错误的”开发商并授予许可证，另外的开发商有可能以更快的速度和更低廉的成本开发资源并实现更高的价格。

第二，RFI 交易要求对来自资源生产部分的预期收入流进行估值，并就从预期收入流中借用多少投资于今天的基础设施作出决定。这种估算可能和确定贷款人同意以预期收入流为抵押提供多少无追索权贷款一样简单。截至目前的经验表明，采用资源开发融资模式（即，贷款人决定向资源开发商贷款以便进行资源开采部分的开发）的贷款人处于最有利的地位，可以同意以同一个资源开采项目给政府带来的预期收入流为抵押提供更多的贷款。

正如资源开发商对于自己能为资源部分的开发借多少钱有一个限制（余下的以股权投资形式注入），对贷款人愿意将预期收入流中的多少借给政府也有一个限制。对政府借款限额的计算关系到一系列因素，特别是对政府收入流在数量和时间方面的确定性的敏感度分析，以及一旦作为抵押的收入流在抵押期间被证明不足以偿还贷款的情况下，信贷协议的无追索权条款的不可撼动性。

专栏 5.1　收入预期融资

在资源开发项目的许可证已经发放、开发过程已经完成以及即将开始生产的情况下，资源融资的基础设施（RFI）模式的一种变异形式会被采用。由于特许权使用费支付后，政府的收入流开始流动，这种新的收入来源便可以作为获得新贷款的抵押，这便是我们所谓的“收入预期融资”（RAF）模式。它也可以用于政府有某个特定收入来源，但并没有承诺将该来源用于偿债，同时也不需要将该来源用于政府支出的情况。RAF 模式看起来和 RFI 模式很像，除了政府无法在资源收入流开始产生的若干年前就能享有获得基础设施的好处这一点。另一方面，一旦开始生产，收入流无法实现的风险要低得多，而收入流的可预测性要高得多。而且，由于在每个基础设施完工后就会有资金偿还基础设施贷款，基础设施的成本（包括开始还款前累积的利息）也更低。

RAF 模式涉及对资源生产项目的进一步分析和政府收入流财务模式的更新、以该收入流为抵押的信贷协议的达成（正如在 RFI 模式中一样）以及通过政府采购或公私合作（PPP）模式对基础设施建设进行承包（正如在 RFI 模式中一样）。

第三，RFI 交易涉及对将资源部分带来的预期收入流作为抵押后得到的信贷的利用。这个部分有两个重要的方面：一是决定投资于哪种基础设施，二是对该工程进行承包。理论上，政府应遵循其通常的采购程序，进行国际公开招标，以便能以最好的质量和最优惠的价格建设基础设施，并用以资源部分的预期收入流为抵押获得的信贷来支付基础设施的费用。在实践中，由于截至目前的多数交易都涉及优惠融资，而优惠融资的“成本”就是必须按照贷款人的采购规则使用贷款，这有可能限制用贷款资金所能购买的商品或服务的来源。这一现实并非 RFI 交易所特有的，在许多政府能得到优惠融资的情况下都会出现。

在 RFI 交易中，利用通过抵押预期收入流获得的信贷来购买基础设施带来了这样一个问题，即如何确定获得的贷款因为每个项目而减损或提取了多少。我们认为，这是一个独特的且不为人熟知的问题，对 RFI 项目造成了不利影响。下面两个例子将凸显这个问题。

假设一个采用项目融资模式的基础设施交易需要 1 亿美元的贷款，贷款利率为 5%，在 24 个月的建设期内每个月会提取等额的贷款。在建设期内以单利累积利息，到第 24 个月月底时在最初的贷款额之上将增加 500 万美元的累积利息，使基础设施投入使用时的总负债达到 1.05 亿美元。建设结束时，开始产生收入，同时，除未偿还债务之外不再有进一步的利息累积。

现在再假设采用 RFI 交易建设与上述同样的基础设施，同样地，在 24 个月的建设期内需要提取 1 亿美元的贷款。但假如贷款协议规定利息累积不只限于该基础设施的两年建设期内（截至基础设施投入使用时的累积利息同样为 500 万美元），而是要在该 RFI 交易的资源部分进行开发的六年期限内持续累积（即在基础设施部分投入使用后，还要累积四年）。假如资源部分按时完成，而且预期的政府收入流即刻就足以偿还基础设施贷款，因此，六年之后，贷款本金之上不会再增加更多的利息。那么，到资源项目开始为政府产生收入时，贷款本金将不只是基础设施完成时的 1.05 亿美元，而是 1.25 亿美元——这反映出在另外四年中按 5% 计息的 1 亿美元产生的将计入本金的累积利息。以上两个例子均忽视了累积利息定期计入本金带来的影响，而这只能使项目融资与开始还贷时 RFI 贷款余额之间的差异变得更大。

正如上述例子所示，在基础设施部分完成后立刻就开始偿债的项目融资模式交易中只有 1.05 亿美元的债务在 RFI 交易中就变成了 1.25 亿美元，因为还要再过四年才会开始偿债，届时资源部分将开始产生政府承诺用来偿还贷款的收入流。这两种债务均以工程设计、采购和施工（EPC）成本为 1 亿美元为基础计算得出——仅是累积利息不同。

专栏 5.2　支付利息？

一些批评者建议，如果政府能在基础设施部分完成后，直至作为抵押的资源收入流开始产生的期间支付利息，那么资源融资的基础设施（RFI）交易中的基础设施成本就能“减少”。在这种情况下，贷款（包括转化为本金的利息）将与项目融资模式交易中的贷款数额相同。这种建议有一定的吸引力，因为在 RFI 交易中用信贷购买的基础设施的确会由于转化为本金的利息而产生大量额外成本。

但这个建议存在两个问题。第一，即使政府有足够的资金支付基础设施贷款的利息，但也有可能对这些资金加以更好地利用（比如，购买更多的基础设施或者支付已有基础设施的维护费用），而不是支付在其他的情况下不必要的贷款利息。第二，尽管利息会累积并将转化为基础设施贷款的本金，但贷款是只能以作为抵押的收入流偿还的无追索权贷款，而且该贷款还可能有优惠利率。因此，尽管基础设施贷款的利息在基础设施完工到资源收入流开始产生期间会累积，但政府为什么要用自己的资源来支付低息的无追索权贷款的利息却不清楚。

上述讨论说明，同样的基础设施以项目融资模式建设要比采用 RFI 信贷建设的成本更低。另一方面，因为项目融资模式只有在项目产生的收入足以支付项目费用的情况下才可以采用，要获得无法产生足够收入来支持项目融资模式交易的基本的基础设施，RFI 信贷可能是成本最低的选择。

资源融资的基础设施交易的估价

RFI 交易的观察者和批评者存在许多担忧，认为政府为了在这些项目中“得到”基础设施而“让步太多”，或者得到的基础设施的价格被抬高，没有反映出其“合理的价值”。那些将 RFI 交易描述成简单的“易货贸易”或“互换”，而不是一种新融资模式下由多个部分构成的交易的人最容易对其进行这样的批评。

许多其他模式下的项目也会被批评为钱花得不值或者对资源的补偿不够。政府采购项目常常被认为是腐败的产物，特别是在进行不顺利的情况下。项目融资交易，即使结构良好并进行了竞争性招标，也受到关于所有者的要价和盈利的投诉。因其规模以及收入和盈利的能力，资源项目尤其是严格审查的对象——尽管开发成本（包括有时为相关基础设施投入的大量资金）很少会受到注意。

简而言之，我们并不认为这些批评为 RFI 模式所独有。更确切地说，这些批评反映出那些取决于一系列变量的全球性挑战：最初的资源勘探许可证是在什么条件下颁发的？它的授予是否遵循了相关法律？资源开发和生产许可证是不是经过适当的谈判授予的？是否符合法律规定，而且具备所能建立的最好的特许权使用费和税收制度？资源能否以适当的价格出售？资源经营公司实现的资源价格是否被不当地压低（例如，通过与离岸下属公司达成“私下交易”，之后后者能够完全以市场价格重新出售资源）？这些问题对于 RFI 交易和任何其他资源开发项目一样，都是成立的。

信贷协议的条款是不是在当时条件下所能达成的最有利的条款？是不是对用贷款款项能够购买的商品和服务的来源限制最少的条款？基础设施信贷转化为本金的利息数额是否反映了对政府要用多久才能享有资源部分产生的收入的合理估计？这些问题对于 RFI 交易和任何利用主权信贷的政府采购模式项目以及任何允许融资条款“转递”或“找准”的项目融资模式或 PPP 模式项目一样，都是成立的。

每个基础设施部分的定价是不是以透明和竞争的方式确立的？这个问

专栏 5.3　项目实施单位

批评者给一些政府贴上了没有能力谈判复杂项目的标签。按照他们的逻辑，高度复杂的资源融资的基础设施（RFI）交易使政府没有能力对由开发银行牵头、由基础设施和资源开发商配合组成的银团提出的条款进行讨价还价，这种银团可能有外国政府的支持，而且有由工程师、投资理财专家、律师及其他顾问组成的咨询团队的配合。另外，批评者断言其规模从根本上说是不利于政府的，因为投资者集团的业务就是谈判这些项目，而对许多政府官员来说（除非有一个非常活跃的碳氢化合物勘探和生产行业），所谈判的 RFI 交易是他们职业生涯中的首次，可能也是唯一一次的这类交易。

政府是通过专职人员来行动的，对于政府没有具备足够经验的专家来进行 RFI 交易谈判的指责，可以做出的回答是：政府可以得到越来越多、越来越好的专家。世界银行和其他捐款人长期以来就在利用项目实施单位（PIU）这种工具，帮助政府提高承担复杂项目的能力。PIU 建立在主要负责项目的政府部门的内部，并由专门的收入来源（通常由捐款机构自己提供）提供资金。PIU 的人员由当地和国际专家组成，根据具体项目的情况与这些专家签订长期或短期的合同。

对 RFI 交易进行安排、谈判、实施和监督是一项巨大、复杂、价值极高的工程，因此有理由为此建立一个专门的 PIU 并配备足够的人员。

题适用于每种模式下的每个交易。在 RFI 模式的情境中，安排和处理总体交易时将侧重点放在分隔并优化每个组成部分，这样就能回答每一方是否都得到了良好的结果这个问题。

适当地安排和优化 RFI 交易的每个部分并不能自动解决所有有关交易具有的价值的疑惑。由于技术、商业或其他的原因，RFI 交易不能给政府带来什么价值，即使从经济和法律角度看，交易安排得很好，这样的情况很多。在 RFI 交易谈判和实施的每个阶段，每个利益相关方采取适当的措施保护自己的利益，这是非常重要的，这一点在任何模式下的任何交易中都是一样的。

与财务制度之间的关系

正如上面所讨论的有关价值的问题一样，那些将 RFI 交易描绘为互换或易货贸易，而不是一种新融资机制下的交易的观察者更容易批评 RFI 财务制度。这些观察者声称，（授予资源开发商开发权利的）地下资源的数量或价值与国家根据 RFI 交易第一阶段的安排将会得到的基础设施的数量或价值，在某种程度上应该相等。在早期的 RFI 交易中，各部分的安排可能很糟，资源开发与基础设施建设之间的联系可能不透明。

专栏 5.4　是否形成了保密的习惯？

我们一致认为，总体缺乏透明度使得外部观察者很难判断在资源融资的基础设施（RFI）交易中政府是不是做到一笔“划算的买卖”。但缺乏透明度并非是 RFI 交易所特有的。许多投资者、承包商，甚至贷款人都要求对谈判过程和签署的文件的条款进行严格的保密。这种情况几乎存在于每种模式下的每个合同中，不过，通过采掘业透明度行动计划（EITI），针对与资源项目相关的支付（在透明度上）已经取得了一些进步。

在文件签署前保护谈判地位在商业上是有正当理由的，保护知识产权和商业秘密当然更是有充分的理由。但也许对保密的坚持在很大程度上只是一种习惯问题，因为事实上在签字桌边的每个人都知道文件的内容，只有那些屋子外面的人才会抱怨缺乏透明度。在有公司参与的情况下，感兴趣的外部人士是公司的所有者，但在有政府参与的情况下，国家的全体公民都会对他们的公仆的所作所为感兴趣。

尽管不在本报告的讨论范围内，但也许是时候该考虑或者重新考虑这个问题了：即各方之间惯常要求且一致同意的保密承诺是不是最符合一国公民的利益，甚至是不是符合特定项目的利益。

资源开发和生产项目的财务制度是一套方法，不论是传统资源开发模式下的，还是 RFI 模式下的。按照这套方法，商品销售带来的收入在支付了采掘费用以及必要的加工、营销和交付费用后被分配给各方。剩余的资金中有一部分作为报酬和股息分配给资源开发商，有一部分作为特许权使用费、税费和股息分配给政府和/或该项目中的国有资源开发合作伙伴。这个财务制度可能包括“费用”和“利润”的分配，还可能包括对部分生产出来的商品的实物分配。在传统的资源开发模式交易中，从政府的观点来看，确立财务制度以及开发和生产许可证的其他条款是交易安排过程的终点。

相比之下，对于 RFI 交易而言，确立资源部分的财务制度是政府在交易安排过程中的第一步。资源部分的财务制度形成了一个基础，在此基础上可以对政府收入进行预测，之后再进行抵押，以为基础设施建设部分获取信贷。如果根据法律规定或通过投标程序已经确立了财务制度，那么政府和资源投资者甚至可以不用就资源生产许可证的财务条款进行谈判，在这种情况下，任何必要的附加协议可以与该财务制度合并适用并对其加以补充。

之后政府对预期收入流进行抵押，并同意接受信贷协议的条款，而信贷的最大额度略微少于抵押的总额。正如在其他融资模式中一样，对于抵押的资产有一个“贷款与价值比率”的限制。例如，在项目融资模式的交易中，开发商会试图用他们的股权投资作为“杠杆”尽可能多地举债，但是贷款人会压缩项目的债务数额，以确保即使项目收入不能始终如一地达到预期水平，贷款也是安全的。就 RFI 交易而言，对政府获得信贷的限制是与资源部分带来的政府预期收入流挂钩的。那些没有承诺将用来偿还信贷的资源部分所带来的政府收入流，其价值仍归政府所有，其中既包括信贷未清偿前较一年的偿债额度多出的那部分收入，也包括信贷清偿后资源项目带来的收入。

之后就是提取信贷购买基础设施；正如上面讨论的那样，购买的基础设施可能是一种无法单独以项目融资模式获得资金的基础设施。我们建议，购买的基础设施应该是一种有可能在经济增长和社会福利方面产生效益，且这种效益的价值高于信贷利息成本的基础设施。换句话说，若等待资源项目带来的预期收入流开始流动期间所累积的经济增长和社会福利效益损失，其成本大于以预期收入流为抵押进行借贷的利息成本，那么采用 RFI 模式交易，让基础设施马上开始建设而避免耽搁是合理的。

基础设施定价

获得对 RFI 交易中基础设施部分的公平定价对政府而言可能是一种挑

战，特别是在信贷附加了对用贷款资金购买的商品和服务之来源的限制的情况下。这个问题有两个方面：第一，要建设的基础设施的质量；第二，这样的质量的基础设施的成本，只有在价格是对相同质量的出价时，才能对不同的基础设施价格进行比较。由于采用单一贷款人提供信贷而产生的定价限制问题与传统的政府基础设施采购模式中出现的问题类似，在后一种模式中优惠贷款是与向某些特定来源采购商品和服务“捆绑”在一起的。然而，这个问题在 RFI 交易中可能是一个更大的挑战，因为政府无法用义务最少的限制“购买”优惠资金。

在项目融资模式的交易中，政府采用具有竞争性的招标程序，招标程序明确规定了待建基础设施的确切质量标准——或者至少规定了建设成果在项目寿命期内预期的质量——定价因而是非常透明的。在理想的情况下，定价成为挑选中标人的唯一参数。价格将反映资本成本，包括股权投资者预期的利润和贷款成本；在项目可以获得优惠贷款的情况下，优惠贷款的价值将转嫁到投标价格中，但投标人会在利用信贷和该信贷对商品和服务来源的限制之间进行平衡。

考虑采用 RFI 交易的政府应该特别注意信贷协议中附带的任何会限制政府以下三方面能力的限制条款：(i) 规定试图获得的基础设施的质量，(ii) 规定政府为基础设施建设或运营招标而邀请的承包商的身份，或者 (iii) 采用竞争性程序，以便让钱花得最值。在有些情况下附带限制条款不可避免，至少对信贷中的一部分来说是如此。

正如上面讨论的那样，政府利用 RFI 信贷采购基础设施是有代价的。如果基础设施在资源部分开始产生可以偿债的收入之前很久就已经建成，那么额外的累积利息将不可避免地增加基础设施的成本，而减少信贷可以被用于其他部分的数额。这种成本是否值得负担取决于政府选择哪种替代融资方案（是利用主权融资，还是通过 PPP 模式或项目融资模式），另外，如上所述，也取决于尽早获得基础设施的价值能否证明这种成本是合理的。

尽管在 RFI 模式下基础设施的成本比在传统的政府基础设施采购模式下略微高一些，但体现了“无追索权”给政府带来的好处。在项目融资模式中，如果项目在贷款偿还前失败了（而失败并不是因为政府没有支付造成的），通常政府无需对项目贷款人进行偿还（至少无需对那些自己承担项目融资风险的贷款人进行偿还）。同样地，在 RFI 模式中，政府承诺将资源部分带来的收入流中的一部分用于偿还债务。如果在政府信贷已被提取用于基础设施部分之后，资源开发商放弃了资源项目（放弃不是因为政府拒绝发放许可或批准进口必要的设备等），那么政府就没有义务偿还来自其他来源的信贷。这也就是说，贷款人承担偿还基础设施贷款的“项目风险”，但这个风险在于资源部分给政府带来的收入流，而不在于基础设施带来的收入（如果有的话）。正如在项目融资模式的交易中那样，贷款人将为接受这种还款风险而收取额外费用，而政府则需要确定是否值得为得到无追索或有限追索权贷款的好处付出这笔额外费用。一个替代方式是协商一个信贷协议，这个协议期望以资源部分为政府带来的收入流作为偿还基础设施部分贷款的首要资金来源，但规定了这样的条款，即如果资源部分出现延误或被取消（例如，资源的目标价格在 Y 年内下降超过百分之 X），那么将按照一个不同的偿还方案进行主权还款。

优惠融资的作用

利用优惠融资是发展中国家政府获得基础设施的首要途径。为了让主权借贷使政府能够购买基础设施，“优惠”就应该包括降低发放贷款的信用标准、延长还款期限、提供长的宽限期以及常常接近于 0 的低于市场的利率。在项目融资和 PPP 模式交易中，能够获得优惠融资（不论是直接提供给项目，还是通过政府转贷）可以使项目成为“银行可担保”的项目，减少获得商品或服务的成本，因为优惠融资的低廉价格降低了特殊目的机构（SPV）的资本成本。

从现有的文献看，似乎最近的 RFI 类型交易已经涉及优惠融资的利用：资源开发公司利用优惠融资发起资源开发项目，包括建设相关基础设施；以及政府以资源部分的预期收入为抵押获得优惠融资进行基础设施建设。资源开发商能够得到优惠融资，这使得偏远的资源（获得和开发这类资源的成本高昂）以当前的预测商品价格进行开采具有了经济上的可行性。

在需要优惠融资才能使 RFI 交易的资源部分在财务上变得可行的情况下，优惠融资似乎就可能成为政府以该项目的预测收入流为抵押所得信贷的唯一可行的资金来源。在优惠融资不仅降低了资源开采成本（包括建设必要的相关基础设施的成本），而且还是资源开发商所属国家保障国民经济安全的工具的情况下，这个结论尤其令人信服。

另一方面，在这样的情况下——比如，在开发和生产阶段由一个或多个大型石油公司利用表内融资或商业债务工具提供资金的浅海海上石油生产项目——政府似乎可以将来自这个项目的部分或全部收入流作为抵押，获得商业贷款或出售收入债券。这个例子的结果实际上是 RFI 交易的“分拆”——最终剩下了一个独立的传统资源开发交易和一项相关的 RFI 融资。资源开发投资者唯一的参与是同意向一个托管账户支付政府的收入流，而这个托管账户就是为了偿还信贷而建立的。

根据定义，前一段中提到的商业债务工具要比优惠债务更昂贵（即：应付的利率更高）。按照这个准则，政府只会在经济增长或社会效益比支付的贷款利息价值更高的情况下采用 RFI 融资，RFI 交易的信贷利率越高，经济或社会效益就必须更高，因为只有这样才能表明在收入流适时实现之前进行投资是合理的。因此，在这种情况下，设法以资源项目的预测未来收入为抵押获得优惠“价格”的信贷是可行的。世界银行和其他捐款人也许能够利用它们的信贷支持工具来减少察觉到的风险（即实现作为抵押的收入流的过程中存在的风险），从而使政府的借贷成本低于商业债务的全价。我们认为，一旦相关的利益相关方对总体模式有了更透彻的了解和分析，针对具体项目则可以对这种合成的“分拆处理”方式做进一步的发展。

环境和社会义务

不论采用哪种融资模式，政府对于有关资源和基础设施项目的环境和社会要求的法律法规必须得到开发商及其承包商的遵守。在 RFI 项目的资源部分中，环境和社会问题面临的挑战与在任何其他资源开发项目中一样。这些问题包括资源开发项目区域的重新安置问题；尾渣或泄漏物以及其他空气、水和土地污染源构成的环境风险；以及资源项目的工作人员与受影响人口的健康和安全问题。对于所有资源开发项目而言，都需要担保工具提供资金以便支付矿厂或矿井的关停费用，包括 RFI 项目的资源开发部分。在资源开发和生产期间，政府有足够的人员和资金来有效地监督和执行环境和社会要求，这一点在 RFI 项目中和在任何其他资源交易中一样至关重要。

不论采用哪种模式来安排交易，还存在基础设施项目相关的环境和社会义务。政府需要规定这些义务，然后监督遵守情况，而对 RFI 交易的每个基础设施部分施加的监督，其程度要与由私人开发商执行的项目融资交易或者由国有企业建设的政府所有的基础设施项目受到的监督程度一样。为基础设施项目提供资金所采用的融资模式对该项目适用的环境或社会要求根本没有影响。

当政府的法律法规以国际标准衡量而被认为存在不足的时候，开发机构和商业贷款人会采用更严格的要求。例如，对于超出了最低资本成本的项目融资和 PPP 模式项目——即，事实上所有的基础设施项目——参与项目的国际贷款人会要求其必须遵守 2013 年 6 月修订的《赤道原则》（第三版），该原则包含了世界银行集团的环境、社会、健康和安全标准与指南，而当地法律并不要求项目必须满足这些标准。然而，遵守《赤道原则》的金融机构和从国民经济安全的角度来看项目的国家发展金融机构，它们采取的方式可能会存在差异。

我们建议世界银行鼓励所有的国家发展金融实体遵守《赤道原则》并采用环境和社会最佳实践。政府自身也许应该首当其冲，要求任何希望在其国家开展业务或从在其国家的业务中盈利的外国投资者或承包商在环境和社会问题上采用国际规范，即使这些规范的标准比当地法律的要求更高。努力构建并协商达成一个 RFI 交易以便促进经济增长和社会福利的效益，但却不要求开发商和承包商满足有关环境和社会义务的最佳实践要求，这是说不通的。有关最佳实践是什么的讨论不在本报告论述的范围内。

捐款实体可以参与政府的联合融资计划，并为 RFI 项目的基础设施部分中涉及环境和社会的活动提供资金，前提是政府在 RFI 项目中获得的信贷顾及不到这些活动。这种方式意味着一定的透明度和合作，而这一点到目前为止在 RFI 交易中难得一见。

第六章

结构问题

资源融资的基础设施模式中的重点合同安排

不论是哪种模式下的每个交易都是通过各方之间做出的合同安排界定的。风险、回报和义务由各方通过谈判达成。就许多项目而言，最好的方式是让政府花费一定的时间和精力来确定它想要的项目并基于完整或基本完整的招标文件向感兴趣的投资者就该项目进行招标。采用竞争性招标的方式在项目融资模式的交易中已经是公认的做法，在公私合作（PPP）模式项目中也正变得越来越常见。对于政府直接购买基础设施的交易，采购法通常要求政府针对公开承包合同发布广告并进行招标。

所有现行模式的最佳实践清楚地表明，在采取综合的承包方式时，资源融资的基础设施（RFI）项目的合同将得到最合理有效的安排、达成一致和执行。处于 RFI 项目合同安排中的政府，如果能分别考虑项目的资源、信贷和基础设施部分的合同安排，将会取得最好的成果。

从 RFI 模式的角度看，一个重要而独特的合同安排是使政府能得到信贷以及政府根据信贷协议承诺将资源开发项目的收入作为获得贷款的抵押。资源一侧的其他重要合同安排包括资源开发许可证及相关文件，比如资源开发计划、相关基础设施规划和承包合同、减轻环境和社会影响的承诺等。就基础设施一侧而言，重要的合同安排会有所不同，这取决于政府是打算在建设完成后自己拥有该基础设施，还是打算采用 PPP 方式让私营部门以运营商或者投资者的身份参与；PPP 合作伙伴可以是资源开发投资者，也可以是另外的专业实体。充实的招标文件将确保基础设施部分能以透明和竞争的方式签订承包合同。

截至目前的经验表明，早期的RFI交易多数是在“一揽子交易”基础上进行的。政府间“框架协议”，一方面指导政府与其国有资源开发公司之间的谈判，另一方面指导投资国的国有开发银行与该国感兴趣的资源开发和基础设施建设公司之间谈判。到目前为止，这类框架协议倾向于限制基础设施部分承包商之间可能出现的竞争。鉴于RFI交易的范围，它通常都包括投资国国有开发银行的大笔优惠贷款的承诺，因此，用以确定交易各层面的谈判条款的政府间框架协议可能在所难免。政府间的协议当然不会招标，而有关这些协议的谈判也不会透明。

在考虑政府间框架协议时，项目所在国政府应该明白，它最初的承诺将为按照RFI模式进行的交易中发生的一切确立长期范例，这一点十分关键。因此，项目所在国政府在一开始就应该争取找到合格的顾问，而不是相信投资国政府会以他们的利益而不是以其本国的利益为出发点是非常重要的。我们还认为，如果投资国政府、投资国的国家开发银行以及资源开发和基础设施建设公司能鼓励项目所在国政府一开始就寻求合格的顾问，同时也让自己的顾问团队就位，那将是最符合其自身利益的。在召开项目介绍会议之前，所在国政府的顾问团队无需就位，但在双方开始讨论投资意向书或备忘录（MOU），以及开始就框架协议草案进行谈判之前，顾问团队必须就位。

招标

采用竞争性招标程序使得政府能以透明的定价机制为基础授予合同：在其他因素同等的情况下，最优惠的价格将胜出。正如上面所述，招标程序成功的基础是一系列清晰明确又全面的招标文件，包括所有相关交易的合同草案。

在项目范围清晰、“已知的不确定”风险可控的情况下，招标是最有效的做法。因此，对于建筑或道路建设的政府采购、对于涉及成熟技术的项目融资模式交易（比如燃气轮机发电厂），竞争性招标非常行之有效。对于条件未知的项目，如未知的土质条件（比如在未经考察的流域建设水电大坝），或者预计承包商将采用新型或未得到验证的技术来满足新的需要的项目（比如以未经验证的规模建设太阳能热电厂），招标较难奏效。

从政府的角度看，对RFI项目的基础设施部分进行招标尤其重要。以可能得到的最有竞争力的价格获得高质量的基础设施最符合政府的利益。对于资源开发部分而言，对某一区域持有勘探权的实体按照资源法的条款有权将勘探许可证转换为开发生产许可证。开发和生产活动的盈利能力将取决于资源开发商能否以可能的最优惠价格买到高质量的设施。对于政府信贷部分而言，如果是优惠融资的话，那么进行招标的可能性会受到限制，特别是在提供优惠融资的与为资源开发部分提供资金的是同一家国家开发银行的情况下。

在基础设施部分的招标问题上，政府可能会寻求尽可能采用符合该国采购法的最透明、最具竞争性的程序。如果政府考虑让私营部门参与，那么从项目融资模式和 PPP 模式交易中学到的经验可以直接用于 RFI 交易中基础设施部分的招标。无论是就政府间框架协议，还是就与某个国家开发银行的信贷协议进行谈判的时候，项目所在国政府应该尽可能为利用政府信贷争取到最公开、最透明、最具竞争性的采购程序，包括引入第三方私人投资者，当然，前提是政府针对一笔或更多投资选择采用 PPP 模式。与其对用政府信贷支付贷款国的基础设施建设公司加以限制，不如通过协商，采用在资格预审阶段为来自开发银行所在国的承包商提供少许优先权，或者在预审合格的投标者名单上为满足最低资质标准的该国公司保留二到三个名额的招标程序。

另一种选择是，如果国家开发机构或投资国政府要求所有用政府信贷建设的基础设施必须源自投资国（即建设基础设施所需的商品和服务必须来自该国），那么项目所在国政府可以采取的另一种方式是选择某种类型的基础设施，而投资国有优秀的承包商能承建这种类型的基础设施。在开始就 RFI 交易的任何一个部分（特别是 MOU 或框架协议）进行谈判之前，项目所在国政府应该有这样的考虑。

合同责任的安排以及争议的解决，现行做法、主要问题及各种选项

观察所有模式的经验，得出的第一个结论是：当合同权利和责任按照一致同意的风险分配方式在各方之间进行分配时，分配合同责任最能发挥作用，同时价格也最低。每种风险被分配给了最有能力减轻它的那一方，无论是通过控制自身活动，还是通过将风险投保或转嫁给另一个承包商来减轻的。

例如，在多数交易结构下的建设合同中，如果政府要求某个建筑于某个时间（比如 7 月 1 日）前完成，那么它就会要求该建筑的开发商承诺在 7 月 1 日前完成（或提前一些时间完成，以防不测）。如果开发商从供应商和分包商那里得到能按时完成建设的保证，那么开发商将向政府承诺它能完成建设，并同意如果建设推迟完成，将向政府支付赔偿金。相应地，如果建设推迟完成是由供应商或分包商造成的，那么开发商会向其寻求追偿

损失。但开发商还应该尝试避免承担推迟完工的赔偿责任，并且如果是政府造成了开发商的延迟——例如，在由政府负责提供用地的情况下未能及时提供用地；未能依照合同及时按进度分期付款；未能及时提供建设许可或检查；未能对项目的建筑材料或设备及时清关——那么开发商应该向政府寻求对自己的赔偿。开发商还应就货运期间的糟糕天气和货物损失购买保险，不论是直接购买还是通过供应和运输协议购买。这些保险的成本应该包含在政府为该建筑支付的合同价格里，但这些成本必须能换来政府要求的效果。风险一旦确定后，将分配给合适的一方并将写入项目合同，反映在合同价格中。

在 RFI 模式下，会采用同样的方式确定和分配风险，关键在于各方不只是从交易双方的角度，而且还要从政府与每个资源开发商、信贷提供者和基础设施开发商或承包商之间角度对风险进行确定和分配。而资源开发商、信贷提供者和基础设施开发商或承包商彼此之间也可能有自己的协议，以对风险做进一步的分配。在有额外参与方参与的情况下［比如，相关基础设施的承包商、基础设施部分的私人投资者、其他工程设计、采购和施工（EPC）承包商等］，需要签订的协议数量会更多。

资源开发许可证和相关文件可以从传统的资源开发模式项目中吸收最佳实践，同时，基础设施建设合同（不论是与传统的政府基础设施采购交易结构类似，还是与 PPP 或项目融资模式交易的结构类似）可以从这些模式中吸收所有适用的最佳实践。

RFI 模式一个重要的突出特点是：政府获得的用于购买基础设施的贷款是用政府从资源开发部分得到并抵押给贷款实体的收入直接偿还的。简而言之，政府是用自己的钱购买基础设施，尽管贷款实体没有追索权。政府可以采取所有必要措施，以确保投资是有效进行的，正如在政府以自己的名义采购基础设施的项目中一样；并为本国公民获取最大的价值，包括在必要的情况下额外雇用合格的人员和顾问，以专业的方式进行采购和施工监理。政府可以避免对整个过程不负“责任”的风险，确保基础设施以适当的方式进行招标和承包，并全程跟踪，以确保基础设施承包商的表现符合合同的要求。

重要的是，所有利益相关方应该了解并承认 RFI 交易的基础设施部分既不是投资国的开发银行赠送的“礼物”（即使提供了优惠贷款），也不能仅仅因为为基础设施建设而接受的贷款是直接通过资源开发许可证来偿还的而被认为是“免费”的。政府和所有利益相关方必须明白，在 RFI 交易中政府是在用自己的钱购买基础设施，只不过是以政府对资源开发部分未来收入流的权利为抵押先得到这笔钱而已。由此看来，项目所在国政府完全有权坚持它的钱或者更确切地说它代表本国公民管理的钱，必须得到有效、透明的利用，并能持久地获得良好的价值。此外，将 RFI 交易的资源和基础设施部分视为彼此的“交换物”是不恰当的，因为这样就好像政府对它要建的基础设施没有选择的自由，或者没有权强制基础设施承包商履行义务一样。更恰当的选择是，将 RFI 交易主要视为一种融资机制，能通过以收入流为抵押的信贷，将资源部分与基础设施的尽早开发联系起来。

风险分担

以任何模式开发任何类型的项目都是一次分担风险的实践。在 RFI 交易中，尽管将资源开发部分和一个或更多的基础设施采购部分相结合加以利用，也依然要遵循同样的方式建立风险分担机制。合同和其他项目文件是记录风险分配方式的手段，针对这些项目文件的安排和谈判，就每个部分而言是分别进行的，而资源和基础设施部分之间因为融资纽带而存在的固有联系得到这些文件的认可。对 RFI 交易来说，正如对任何模式下的任何交易一样，恰当的风险分担就是将每种风险分配给最适合承担它的那一方，并提供激励措施（通常是以协议规定的违约罚款形式），以防某一方未能将风险控制在可接受的、协议规定的水平。

在 RFI 模式下，资源开发商承担依照预算按时完成资源开采项目的风险，并最终承担资源可以达到“证实”的水平且其开采、加工和出口是以有可能盈利的成本进行的风险。除非在最极端和不寻常的情况下，否则政府不会担保资源确实存在，也不会担保资源项目的总体盈利能力。在通常情况下，如果证明政府作为抵押以获得信贷的收入流不足的话，资源开发商没有义务偿还预付给项目所在国政府的贷款。然而，如果由于资源开发被延迟或超出预算，造成额外的利息累积，使得信贷协议签署时一致同意的收入流出现不足，那么可能会要求资源开发商支付高于转化为政府贷款本金部分的利息成本。这种方式与项目融资模式的方式一致，在项目融资模式中，推迟完成或其他糟糕的表现会影响项目投资者的盈利能力。资源开发商通常无需为基础设施部分的推迟完成或完成不力负责（除非资源开发商还参与了基础设施部分）。不过，如果资源部分的推迟完成延误了政府基础设施信贷的偿还，那么资源开发商就有理由承担额外累积利息的风险。

在大多数情况下，资源开发商不承担与 RFI 交易中的基础设施部分相关的风险，除非资源开发商是 PPP 类型的交易结构中的一个合作伙伴，或者是基础设施建设承包集团中的一部分，并因而成为一个或多个基础设施部分合同的一方。在资源和基础设施承包商分别为不同的实体的情况下，资源开发商与基础设施部分唯一的联系就在于用政府作为抵押的收入流对政府信贷进行还本付息。如果基础设施部分超出预算、推迟完成或者未能令人满意，甚至失败了，资源开发商依然不受影响，只要它继续按照开发和生产许可证的要求而有令人满意的表现即可。另一方面，如果采用了政府间框架协议，将基础设施承包商的表现与资源开发商保有继续从事开发和生产活动的权利明确挂钩，就会出现不一样的结果。如果作为提供政府信贷的一个条件，项目所在国政府被要求使用由开发银行提名的基础设施承包商，那么就有必要采取这种替代做法。

在直接或通过一个国有机构利用信贷资金建成的基础设施为政府所有的情况下，政府和基础设施建设承包商之间的风险分配实际上与传统的政府基础设施采购交易中的任何其他合同的风险分配方式相同。政府会要求（承包商）遵守建设标准，并有权监督施工并定期接受报告，包括施工中所用材料的测试报告。支付将在实现规定的阶段性建设后进行，可能会扣留一定的保留金，根据最终任务的完成情况和满意度再行支付。作为业主，政府将得到有利于自己的标准行业担保，如果出现与项目规范或时间表的偏差，承包商需缴纳违约罚金。在基础设施的性能不能满足可接受的最低标准，而承包商又没有对此采取补救措施的情况下，政府有权拒绝接受不符合标准的那部分基础设施；或者在不符合标准的部分使得整个项目都变得不安全或不能用的情况下，政府可以拒绝接受整个项目。

RFI 模式的一个显著特点是，对为政府提供信贷的实体的风险分配。在项目融资模式的合同中，贷款人对于监督用贷款资金建设的基础设施的施工、运营和维护（O&M）非常感兴趣，因为该基础设施的成功运营是用来偿还贷款的收入的唯一来源。因此，在项目融资模式交易中，政府至少会部分依赖贷款人的顾问（以及股权投资者的顾问）来监督基础设施建设公司的表现。相比之下，在 RFI 交易中，贷款人期待用作为抵押的由交易的资源部分带来的政府收入流来偿还它提供的贷款，因此贷款人为监督基础设施建设而投注的努力可能会大大减少。所以，在 RFI 交易中，政府必须做好准备，承担起确保基础设施部分在建设合同中得到适当地规范并被适当地建设的全部责任。正如在下一个小节中所讨论的那样，通过针对基础设施部分采取 PPP 模式的特点，政府的这种风险能有所减小。

在就 RFI 交易中的信贷部分与贷款人进行谈判时，政府可以考虑采取替代方式进行风险分配，前提是（i）有国家开发金融实体参与；（ii）作为同意提供信贷的条件，国家开发金融实体要求政府在基础设施建设部分中使用某一个（或有限数量的）商品和服务提供商。如果信贷协议对贷款资金的使用限制越多，而这类限制造成的结果是基础设施部分超出预算、推迟完成或质量欠佳，那么发展金融实体应该承担的风险就越多。在 RFI 模式下，无论基础设施建得多么糟糕（对基础设施质量低劣的抱怨是现有

RFI 安排受到的主要诟病之一)，贷款机构都能确保得到全额还款，只要资源部分获得成功即可。如果将更多的风险分配给贷款机构，会导致其表现得更像项目融资模式交易的贷款人（例如，额外的风险会造成贷款成本增加)，即使偿还贷款的资金来自资源部分，而这部分可能至少要等 10 年才开始产生收入。究竟如何落实这种风险分配，还要视每个项目的具体情况而定。

政府所有/合资经营

不论是直接或通过国有企业，政府是享有所有者权益，还是行使“参与权”的问题，在 RFI 模式交易的资源和基础设施部分会有所不同。这些问题与政府在传统的资源开发项目的资源一侧，或者在项目融资或 PPP 模式交易的基础设施一侧所面临的问题相同。当然，在传统的政府基础设施采购模式中，政府对其得到的基础设施拥有完全的所有者权益。在 RFI 交易中，政府是否应该拥有所有者权益这个问题对于资源和基础设施部分来说应该分开来考虑，当一个 RFI 交易包含几个由信贷提供资金的基础设施项目时，政府对每个项目可以选择持有全部或部分所有者权益，或者选择不持有所有者权益，这完全取决于什么对政府实现该项目的目标最有意义。

就资源部分而言，政府是否应该拥有所有者权益，对于这个问题应该以与该国其他资源生产项目相同的方式决定。例如，如果有关碳氢化合物或金属矿石的资源开发法允许国有资源实体行使参与权，对项目“买入股权”或保留一定的“免费持股权”，那么这些要求就同样适用于 RFI 交易的资源部分。这类政府的所有者权益提供了额外的预期收入流（特许权使用费、所得税及其他税项、许可证费)，政府可以将其作为抵押以获得信贷，从而推动 RFI 项目基础设施部分的建设。

就基础设施部分而言，正如上面所讨论的那样，对于作为 RFI 交易一部分的基础设施投资，可以将其安排成百分之百由政府招标或所有的设施，就如同在传统的政府基础设施采购模式中一样；或者使其具有 PPP 类型的交易的结构特点，包括那些与项目融资模式看起来非常类似的特点（除了项目资金将来自项目的预期现金流这个基本要求之外)。

政府考虑让私营部门参与 RFI 交易的基础设施部分和它决定让私营部门参与项目融资或 PPP 模式交易，可能出于相同的理由：

- 能另外有一个愿意确保基础设施建设承包商按要求表现的具备专业知识和技能的私营部门参与者。
- 在建设期间，能有一个运营商在场，可以确保新设施在建设完成以后能得到正确有效的利用。

- 引入额外资本（或利用额外的捐款人资金），以提供基础设施建设合同不覆盖的设施。

参与基础设施 O&M 的私营部门合作伙伴可以与建设基础设施的承包商毫无关系。例如，在政府动用 RFI 交易的信贷建设一所新医院的情况下，政府可以另外招标聘用医院的经营者，以便接手医院的设备和人员配置工作以及一定期限（比如 10 年）的医院运营工作。医院的经营者可以得到医院一定的所有者权益，它注入的资金可以用来采购固定装置和日常用品，以及雇用和支付员工薪酬。医院经营者还有一部分使命是监督设施的建设，以确保所有的卫生要求、各种系统以及基础设施承包商提供的其他部分都恰当地做到和完成了。

上述例子意在指出可以用来获取专业知识和技能以及其他资金，以整合用 RFI 交易中的政府信贷新采购的基础设施的方法。其他的方法还包括让资源开发商和/或基础设施建设承包商作为基础设施部分的合资经营合作伙伴参与进来。具体的 RFI 交易或者 RFI 交易的某些部分应该采用的适当方法则取决于政府对每个部分设定的侧重点和目标。

第七章

运营问题

资源融资的基础设施（RFI）模式本身就包含可以确保基础设施部分能按规定的标准建设，以及其长期的运营和维护（O&M）计划和预算是经过充分准备而制定并被采纳的激励因素。这些激励因素建立在这样一种恰当的理解基础之上：不动产的所有者（付款将其买下的人）有动力维持该不动产的运营，以便逐步从中获得最大的经济价值。当 RFI 交易最终导致政府拥有基础设施时，那么——正如在传统的政府基础设施采购模式中一样——政府用自己的资金获得了该基础设施（尽管资金可能是通过抵押未来收入流借来的）。作为资产的所有者，政府有动力采取一切预防措施，确保得到高的质量和优惠的价格。而在 RFI 交易的基础设施资产是通过公私合作（PPP）模式的结构被拥有和/或运营的情况下，政府和私营部门合作伙伴就都有动力去维护该基础设施，正如在任何其他 PPP 交易中一样。

尽管 RFI 模式像其他模式一样提供了适当的激励因素，但这并不意味着这些因素在具体交易中能被正确地捕捉到；或者即使交易结构是正确的，项目的执行就是有效的。不幸的是，在所有项目模式下，都有许多项目未能达到标准。到目前为止，对 RFI 交易的有限经验已经导致对建成的基础设施很快就坏掉的批评，特别是道路项目。

对早期 RFI 交易的批评往往表明这些项目的利益相关方对基础设施的建设工期准备不足，即使建设合同规定得非常明确且得到了适当的管理。RFI 交易存在一种特别的风险，这种风险在项目融资模式交易，甚至在大多数 PPP 交易中是不存在的，因为贷款人期待用作为抵押的资源收入流偿还用于基础设施部分的贷款。在基础设施资产为政府所有的情况下，对基础设施建设质量糟糕的批评并不是 RFI 交易所特有的；在政府通过限制性援助获得基础设施的情况下，建设质量糟糕可以说是非常常见的。许多项目，特别是由外国政府“捐献”的“面子”项目，或者为迎接某项活动建设的项目（例如，区域性峰会或足球比赛），经常受到建设质量糟糕和提前衰败的困扰。

我们认为，对RFI模式有适当了解的政府和其他利益相关方会认识到，每个RFI交易本身具有的激励因素能确保项目运营阶段的成功。以下列出了利益相关方在开启一项RFI交易之前应该考虑并着手解决的重要的运营问题。

基础设施的质量/第三方监督

施工质量的问题以及对施工、环境和社会要求的落实进行独立监督和监测的需要完全适用于RFI模式的交易，就像适用于其他所有模式的交易一样。但最有动力履行这些职能的那一方在不同的模式中却略有不同。

例如，在项目融资或PPP模式的交易中，特别是在项目收入是偿债资金的唯一来源的情况下，特殊目的机构（SPV）的所有者和贷款人均有监督施工过程的强大动力。对重大项目，双方通常都会有自己的专业监理工程师——即所谓的“业主工程师”和“贷款人工程师”——他们将密切监督施工过程的各个方面。只有在双方的工程师一致认为使用的材料和完成的工作符合所要求的标准的时候，建设承包商才有资格获得阶段性付款。

对于RFI交易的资源部分来说，资源开发商确保符合所有要求的动力与在其他任何传统的资源开发交易中一样强劲。这些要求包括环境、劳动力及其他一般性法律要求，此外还有资源开发和生产许可证协议的要求，包括应如何支付适用的特许权使用费以及各项税款。如果不能持续地满足法律以及与资源开发和生产许可证相关的要求，则可能导致资源生产许可证的撤销，因而造成投资损失（当然，也就会失去预期的利润）。

资源开发商的贷款人也有确保符合要求的强大动力，并会常常聘用第三方顾问在资源部分的贷款期限内监督开发工作的表现。如果贷款人将信贷覆盖面扩展至政府的基础设施采购，那么他会更有动力去确保资源开发部分能符合要求并有良好的表现。

政府作为资源生产的监管者，有明确的义务对许可证协议条款的执行；施工、环境、社会和其他法律要求的落实；以及资源生产许可证规定应属政府的特许权使用费的准确计算进行监督。同样地，政府作为收税人，也有执行适用的税制的动力，以及通过其对国有资源企业的所有权（即作为资源项目的合作伙伴或共同所有者），确保这些权利能得到保护和落实的动力。

对于RFI交易的基础设施部分，政府必须负担起监督建设的主要责任。正如上面所讨论的那样，基础设施投资的贷款人期待着它的贷款能以资源部分给政府带来的作为抵押的收入流偿还，因此，它除了确保在表明阶段性目标已经实现的相关文件提交后诚信地发放贷款之外，没有什么动力去强制执行质量标准。

基础设施项目的质量保证需要与特定类型的项目相关的专业知识和技能，因此，如果政府没有具备这些专业知识和技能的人员来直接进行建设监督的话，可以聘用咨询公司，但这个咨询公司与建设基础设施的主要承包商必须没有关系，而且最好来自不同国家。如果按照RFI项目的政府信贷协议无法聘用到质量保证顾问的话，那么政府可以寻求其他来源的资金用于这个目的。未能采取尽心的质量保证措施几乎不可避免地会导致糟糕的结果，因此，尽管似乎十分昂贵，但质量保证工作仍是确保政府得到作为抵押的资源收入流所产生的价值的必要支出。

有一些可以互相替代的方案能确保对建设有足够的监督。一种方案是在基础设施运营阶段，政府采用PPP结构，并要求私营部门的合作伙伴在建设阶段负责履行质量保证的职责（直接或通过聘用质量保证咨询公司）。另一种方案是将部分风险转回给贷款人，特别是在贷款人对政府选择基础设施建设公司施加了限制的情况下，也许可以终止偿还部分或全部的相关政府信贷，前提是基础设施部分没有按照要求的标准完成已经变得显而易见了。这一措施至少在一定程度上能使贷款人的利益与政府的利益协调起来，从而使贷款人有了聘请贷款人工程师的动力，并可能导致承包商同意为糟糕的表现支付违约罚金，否则它是不愿意这样做的。从本质上说，即便用于还款的收入来自作为抵押的资源收入流，贷款的偿还也应该视基础设施持续发挥功能的情况而定。然而，随着时间的推移，确定基础设施项目提前衰败是由于质量糟糕的施工，还是由于维护不力造成的会变得越来越难。

不论RFI交易采用哪个方案或者方案的组合来确保基础设施部分是按照一致同意的标准建设的，各方在谈判过程中重点要考虑的是确保从一开始就要恰当地阐明基础设施部分的具体要求——这一措施可能要求政府争取独立咨询顾问的参与，前提是其内部不具备相关的专业知识和技能——并确保保证的范围，包括损害赔偿，适合所建的基础设施类型。

基础设施的运营和维护

无论是在发展中国家，还是在发达国家，对于大部分基础设施项目来说，O&M是关键。在项目融资模式的基础设施项目中，私人投资者和项目贷款人都有确保基础设施在整个投资寿命期内能得到适当的运营和维护的主观意愿；如果基础设施建设失败了，项目就会停止产生收入，贷款人和股权投资者都会出现损失。PPP 模式可以保护投资者，使其在一定程度上免受项目失败造成的损失，而将损失加诸作为项目合作伙伴的政府。不幸的是，在传统的政府基础设施采购交易中，相比为审慎、持续的维修活动筹集资金，许多发展中国家政府在为新建基础设施或者为了对失败的基础设施进行大规模翻修而向捐款人和出口信贷机构筹集资金的时候遇到的问题较少。

在 RFI 交易中，以政府来自资源部分的预期收入流为抵押的信贷被用来购买基础设施，但是由于贷款人期待借助资源部分偿还贷款，因此它不会重视基础设施的长期可持续性。所以，政府有责任确保它用信贷购买的设施得到运营和维护，能为国家提供综合价值，就像在传统的政府基础设施采购交易中一样。

能改善这种情况的一个方案是，从通过 RFI 交易的资源部分获得的信贷中另外拿出一部分用于向私营 O&M 公司购买一个多年期 O&M 合同，这个私营 O&M 公司也许是建设承包商的关联公司（这实际上使基础设施建设变成了一种 PPP 类型的活动）。这种方式可以用于任何基础设施项目，比如学校或医院建筑、水或废水处理项目、道路项目等。O&M 合同的期限可以到资源项目（或任何其他来源的）产生的收入开始高于用作抵押的数额，足以使 O&M 付款能持续下去为止。采用这种方式会因为 O&M 合同期内的成本而使可利用的信贷减少，但能确保投资的可持续性，并且如果 O&M 合同聘用的是建设承包商的关联公司，那么建设承包商提供的保证条件可能会变得更优厚。

另一种方案是，政府尽快将全部信贷用于基础设施建设项目，并找到其他资金来源（包括捐款机构的赠款/贷款、私营部门的合作伙伴或者其他来源等等）来支付某些类别的 O&M 成本。在预计基础设施将产生一定收入——比如，足以支付持续的薪酬成本——但不足以支付其他 O&M 成本以维持设备和物资的安置或更新的情况下，这种方案是最行之有效的。

不管怎样，将基础设施项目的 O&M 部分与基础设施建设招标分开是增加 RFI 交易透明度和竞争性的另一种途径，特别是在信贷协议的条款限制了政府对最初的建设合同采用竞争性招标的选择的情况下。

技术标准说明和监督要求

在所有模式下的所有项目中，政府必须在建设开始前并在建设合同谈判开始前清晰地说明技术标准。项目所用标准的选择将直接影响项目成本。

专栏 7.1　选择标准

某个特定项目应该采用哪种标准这个问题并没有一个直截了当的答案。采用了不适当的标准会导致最终建成一个不适当的基础设施。例如，为建设发电厂所选的标准要求采取昂贵的防震措施，而要建发电厂的区域并不是地震活跃区，那么发电厂的建设成本就会过高。相反地，如果一个道路项目的合同所包含的标准没有反映出道路建设区域的地下条件，或者没有反映出将要使用该道路的重型交通工具的类型，那么该项目的成本就会偏低，但建成的道路可能很快就会坏掉。因此，没有必要对每个项目都采用最为严格的标准，而应根据项目的具体情况采用——然后加强——最合适的标准。

制定标准，并随时对其加以更新，是一个昂贵的监管负担。其他国家的标准在经过仔细考量后也可以被采纳，而且如果适合具体项目的话，这样做可以省时省钱。还有被普遍接受的行业标准，比如国际咨询工程师联合会制定的 FIDIC 建设合同，或者电气和电子工程师协会制定的 IEEE 标准。这些标准通常有可以相互替换的条款，怎么选择将取决于每个项目的具体情况。使用国际上接受的标准的优势是许多供应商和开发商对这些标准都很熟悉，从而可以进行更具竞争性的招标并减少监督和质量保证的成本。采用的标准，即使是国际上接受的标准，必须适合政府的具体项目的需求。

同样地，政府应该负责监督通过 RFI 交易建设的基础设施的施工和运营，就像它必须对每个通过传统的政府基础设施采购交易购得的基础设施的建设进行监督一样。可以依靠资源投资者（及其贷款人）监督资源部分的设施，包括相关基础设施的建设，以确保这些设施符合技术要求。但即使对这些部分，政府也有权利和义务监督其建设，以保证除了适用的施工规范得到遵守之外，所有适用的环境和社会要求也得到遵守。

如果政府没有专家对基础设施或资源项目的建设或运营活动以及技术、环境、社会或其他方面进行适当的监督，那么可以聘用专业顾问。聘用顾问的成本可以由政府资金直接支付，也可以用其他捐款机构提供的资金、RFI 交易中得到信贷来支付。政府要考虑专家的合规监督报告中有多少内容（不包括保密信息）可以公开，以增加交易的透明度和减少公众的怀疑。如果监督发现了 RFI 交易某个部分的建设或运营中存在问题，那么透明度的价值将得到提高；公众对问题及解决该问题要采取的措施的认识将加深其对项目本身以及政府在项目中的作用的理解。

就 RFI 交易的基础设施和资源部分的标准达成一致——特别是环境和社会要求——这一点在进行交易谈判时十分重要，无论交易是 RFI 模式的，还是传统的政府基础设施采购或项目融资模式的。

RFI 交易的潜在投资者（包括代表资源开发商的提出达成框架协议的政府）最初可能会提出一个看似“已成定局”的方案，既没有或者几乎没有对建设标准的说明，也没有什么可以谈判的空间。与此同时，项目所在国政府在进行交易谈判的时候有责任确保将要建设的基础设施符合当地的要求。政府必须始终牢记，基础设施部分是用政府自己的钱建的，尽管当前的贷款是提前将未来的收入流作为抵押换来的。

第八章

结　论

正如我们所见，资源融资的基础设施（RFI）模式是作为满足投资者和政府需要的一种方式而发展出来的。资源丰富的发展中国家的政府希望获得基本的基础设施，以改善民生、发展经济；发现碳氢化合物、矿石或其他宝贵资源的储量有开采价值的资源开发商希望投资开发和生产这些资源，以赚取利润。RFI 模式通过利用创新的融资机制，将资源开发活动与政府提前获得基础设施联系起来。

事后看来，可以被视为采用了 RFI 模式变体的早期项目并不理想，这一点从媒体和学术界对这些项目的批评就可以得到证明。但我们认为，很大一部分察觉到的执行问题可能反映了对 RFI 模式的不恰当的理解，——即将它视为某种形式的“互换”或“易货贸易”，而不是一种新的融资形式，这存在于利益相关方和评论人士的看法中。

本研究报告的作者在 RFI 模式中看到了巨大的价值，特别是它作为一种通过在有限追索权的基础上，将政府未来从资源开发项目获得的收入进行抵押，从而使基础设施得以提前建设的方式的价值。到目前为止，这类交易一直采用的是优惠融资，特别是来自资源开发商所属国家的优惠融资，但我们看到了其他捐款人和金融机构在参与 RFI 项目的同时进行投资或贷款，以便通过增加竞争性、提高可持续性和改善环境和社会条件来利用项目给国家带来的价值的余地。

利益相关方在开始就 RFI 模式的交易进行谈判前有许多重要的、相关的财务、结构和运营问题需要考虑。这些问题中的大多数在任何国家的任何模式的任何交易中都很常见。然而，这些问题的解决办法必须根据具体交易以及交易参与者的具体利益和政策的情况量身定制。

我们写这篇研究报告的初衷并不是为了解决上面所讨论的这些问题，而是为了在利益相关方中引起对于一种新的并且可能非常有用的在发展中国家为基础设施项目融资的方式的讨论。有可能参与 RFI 交易的、感兴趣的相关方可以思考一下到目前为止 RFI 模式所取得的经验和存在的不足，以便今后设计出更好的交易并加以实施。

我们期待着这样的讨论。

第三部分

专家评论

Paul Collier

牛津大学非洲经济研究中心联席主任

牛津大学布拉瓦尼克公共政策学院，经济学和公共政策学教授

Alan Gelb

全球发展中心高级研究员

世界银行非洲区前任首席经济学家

林毅夫

北京大学国家发展研究院名誉院长

世界银行前任首席经济学家

Clare Short 阁下

采掘工业透明度倡议主席

王燕

乔治·华盛顿大学客座教授

Louis T. Wells

哈佛商学院 Herbert F. Johnson 荣休教授

Paul Collier 的评论

牛津大学非洲经济研究中心联席主任
牛津大学布拉瓦尼克政治学院经济学和公共政策教授

这是一项有益的研究，是从法律角度而非经济角度展开的，而我愿意从经济角度谈五点看法。

第一，将资源开采与基础设施挂钩是一种承诺技术。如果我是一位审慎的财长，就会觉得具备这种条件的交易很有吸引力。如果财长按照国际金融机构（IFI）的常规建议出售自然资源，把销售收入纳入预算，固然保留了支出方向的灵活性，但这种灵活性可能并不一定可取。决定开发自然资产的财长需要承诺技术来确保未来的决定执行者把这种不可持续收入的合理份额用于积累资产（不论哪种类型）。通常情况下，财长没有这种承诺技术可用：在收入兑现时，他可能已经离任，即使还在任，他的主张可能也敌不过内阁需要经常性开支的压力。选举的白热化令把资源收入用于经常性开支的压力与日俱增：执政者愈加短视，而政府的长远眼光对于资源发掘非常重要。执政者决定把预期收入用于基础设施建设，就达到了预先承诺的目标。最理想的是能增加资产选项的资产承诺技术。当然，这并非最佳做法，但可能是可用的最好办法。

第二，基础设施换资源（以下称为资源换基础设施［RfI］）交易的不透明性质确实令人担忧。造成这一现象的主要原因在于交易参与者的垄断性。如果有更多的参与者，如双边捐助国与各自国家的资源企业和建筑企业合作，就可以用竞争决定 RfI 的价值，即使内部运作还是不透明。这么做可能比试图实现透明交易更现实。然后，政府就可以开始所需基础设施的投标程序，而非像现在一样只能等待特定方的主动报价。

第三，速度是政府青睐 RfI 的一个重要原因。本研究强调了资金的快速到位（而非等待收入兑现），但速度快的另一重要原因是 RfI 省略了国际金融机构针对基础设施融资的种种繁琐程序。环境影响评价、采购程序等出发点是好的，但设计背后的推动力并不是非洲政府的需求，而是来自西方非政府组织的游说力量。我猜想这些程序已经累积堆叠到了其本身已经失灵的程度，因此导致 RfI 交易统统将其绕过。国际金融机构需要想办法花大力气简化程序，以满足非洲政府表述的要求，否则它们在非洲的基础设施投资过程中将无立足之地。

第四，尽管本研究的范围明确限定在功能与开采项目无关的基础设施，但这种交易可涵盖两种类型的基础设施：一些与资源开采需求无关，如某国用矿产换机场；另一些是开采资源所需的。后者带来一个重要问题，即如何照顾其他潜在用户的需求。通常情况下，政府应坚持基础设施设计应符合多用户（即其他资源开采企业也能使用）和多功能（即确保能运送资源之外的货物）的要求。但是，这种要求的关键点在于定价细节。例如，铁路的固定成本很高，边际成本远远低于平均成本。如果要让为开采资源服务的基础设施得到有效利用，自然资源货运就要负担固定成本，让非资源用户只支付边际成本，并在签订合同时把这种安排写入管理结构。政府应该代表未来非资源用户的利益。

最后，关于发电厂等类型的基础设施，政府通过承诺未来资源收入来融资建设。电厂等基础设施在谈判和建设阶段通常困扰较多，因此融资不易（这也是为何需要以资源收入承诺），但一旦建好运行，就成为风险相对较低的设施。这时候，政府可以把这些设施转卖给私营企业。在 RfI 交易阶段不需提前对此达成一致，但应保留这一方案，以备采用。在资本稀缺风险较高的状况下，政府不应该把有限的资本用在需要大量资金的低风险基础设施上，这些设施可以交给私营部门经营。这么一来，资源收入承诺就可以作为抵押品，有效消除项目在困难环境中的融资障碍。

Alan Gelb 的评论

全球发展中心高级研究员
世界银行非洲区前任首席经济学家

资源融资的基础设施（RFI）广受争议，本研究对此进行了很有意义的系统阐述，并通过与其他几种融资方法进行比较来说明 RFI 的新颖之处。正如该研究报告所述，RFI 包括三个部分：资源层面，包括产生未来收入流的条款；由部分资源收入担保的贷款协议结构；在实际收到资源收入前，为基础设施提供资金。东道国可用部分未来收入做抵押，加速发展规划，然而如果没有 RFI，这可能就无法实现。

本研究报告将 RFI 模式的基本原则和以往的 RFI 实践进行了明确区分，指出不能因实施中的失误而抹杀 RFI 模式的优点。报告特别论述了提高透明度的必要性。更高的透明度有助于加强对 RFI 模式的理解，了解这种模式并不仅仅是资源基础设施互换。如果早期的交易更加透明，这种模式招致的非议和忧虑可能会少很多。如同报告所言，所有做法都有优缺点，许多反对 RFI 的意见同样也适用于其他做法。不过，对于这种合同类型的可能动机还有疑问，包括那些似乎反对提高透明度的声音。

RFI 面临的第一个问题就是抵押未来资源收入所获利益的性质。本研究报告没有说明 RFI 如何帮助一个不能获取主权贷款的高风险国家提高信用。例如，津巴布韦能通过抵押 Marenge 钻石收入提高信用吗？与其他主权贷款方相比，东道国需要向贷款方提供哪些额外的担保？如果不需很多额外担保，可以预期从“常规”贷款方那里拿到 RFI 贷款，只是成本稍高而已。

本研究报告还设想，其他贷款方［如国际货币基金组织（IMF）或多边发展银行（MDB）］虽然可能设定一些条件限制东道国继续扩大主权债务规模，但对东道国政府抵押未来的部分资源收入将袖手旁观。这似乎不太现实。即使该国能够通过抵押未来的资源收入获得更多债务融资，对于其他贷款方和借贷而言，该国的信用等级会进一步降低，所以除了基础设施贷款的成本，该国还要担负额外的成本。

RFI 面临的第二个问题是，如果 RFI 的三个部分分别谈判并完全公开透明，这种安排是否还有吸引力？迄今为止，似乎还没有出现这种状况。本研究报告承认 RFI 合同都很可能涉及三个部分之间的关联，所以肯定与透明度背道而驰（例如，最可能的贷款方就是熟悉资源开发的实体）。报告指出，有一些因素可能推动了资源企业、贷款方、基础设施提供方之间的关联关系，包括进口国可能出于战略利益而希望获得资源的掌控权。没有这些关联背景，为一个信用不甚稳健的资源生产商提供基础设施资金的成本可能非常之高，尤其是在贷款方把风险完全计入价格的情况下。有这些关联背景，三个部分的情况不完全透明，RFI 交易就变得极其复杂，令外界难以了解和监督交易的成本效益，也削弱了国会监督政府财政承诺的能力。目前还不清楚案例中存在的透明度不足是意外事件，还是由于未能理解这种工具而造成的。

RFI 模式究竟如何克服信贷市场的不完善之处，这种模式在透明、常规条件下是否可行，这些都是还有待回答的疑问。

该研究报告提出了一个耐人寻味的建议，即使用官方贷款人的优惠资金降低以未来收入为抵押的信贷成本。这样做的途径有多种，如利率买断或者购买部分政府毁约风险担保。但这要求 RFI 交易要高度透明，三个部分的交易都包括在内，最好再加上采购，否则这种安排并不可行。有些国家在朝这个方向努力，研究这些国家的经验会有帮助。

巨额投资快速涌入给一些资源出口国带来了不良后果，这方面的历史教训本研究报告未予充分强调。流入的资金使得投资飞速膨胀，而能管理这种投资规模的体系还远未到位，在这种情况下后果尤其严重。这是考虑使用 RFI 模式时另一点需要注意的问题。

另一方面，该研究报告也没有提到 RFI 的一个重要优势。使用 RFI，资源生产国至少能换来基础设施，否则更糟的情况也可能发生，如资源收入未纳入预算或者被浪费或窃取。RFI 也可视为一种预先承诺机制，能够对以后政府侵吞大笔主权财富基金的行为有所限制。

林毅夫[*]和王燕[**]的评论

[*] 北京大学国家发展研究院名誉院长、
世界银行前任首席经济学家
[**] 乔治·华盛顿大学客座教授

全球经济需要增长战略，基础设施融资似乎是关键。[1]世界银行发起的这项研究旨在更好地评估资源融资的基础设施（以下简称 RFI）模式，这对于我们寻求 2015 年以后的长期融资渠道而言正当其时。本报告提供的框架可用于评估基础设施融资中各种合同安排的利弊，其中包括 RFI 这一模式。该报告切中现实，内容客观而丰富。此项研究应继续下去。

作者对 RFI 模式的时间维度的强调无疑是正确的。他们指出，RFI“能为一国及其公民带来极大的好处……相较任何其他模式而言，这一模式能提前数年带来经济增长和社会效益。”不过，该报告对“结构”层面却着墨不多。基于《新结构经济学》（林毅夫，2012）的理论基础，我们在此想强调 RFI 模式对经济发展的作用，特别着重于“结构”、“货币”和“空间”几个维度方面，以及政治经济学和透明度问题。然而，对于过去 RFI 交易的评估则留待进一步分析。

第一，经济发展是一个持续的产业升级和技术更新的过程，任何国家，不论其发展水平如何，只要产业发展符合由其资源禀赋结构决定的比较优势，就会取得成功。但是，这一过程并不会自发产生。如果政府不发挥促进作用，克服过程中固有的协调困难和外部性问题，私营部门可能不愿意根据国家禀赋结构的变化而探索进入新的行业。开采资源和建设“消除瓶颈”的基础设施本来有着截然不同的供应链，但 RFI 模式概念把两条供应链结合起来，从而降低了交易成本。

第二，对于 RFI 模式的“估价”问题，作者表示，在理想情况下，

“要获得无法产生足够收入来支持项目融资的公共基础设施，RFI 信贷可能是成本最低的选择。” 报告还恰当地指出了以前基础设施融资模式留下的缺口，这些缺口可由 RFI 补充。RFI 的特性之一就是它具有包括“无追索权”贷款这一颇有意思的特性。如果过去的 RFI 交易真的包括了对借款人有利的“无追索权”贷款，那么贷款方承担的风险也肯定会高于”可完全追索”的有担保贷款。贷款方在 RFI 模式中提供的这种保险服务是独一无二的，其价格（利率）自然应当高于”可完全追索”的有担保贷款。但这一点还有待发展经济学界的充分理解和接受。此处不做详细探讨。

第三，RFI 概念有助于低收入的资源富国克服几种制约因素，其中之一就是货币错配。众所周知，来自以本币计价的基础设施项目的收入不能用来偿付以外币计价的贷款。在理想情况下，结构转型不应受到外汇不足的制约。RFI 开发融资模式注重实体部门，对以外币计价的现金流依赖较小。根据 RFI 的概念，只要国家有潜力生产可在国际市场上销售的商品——如石油、天然气和可可豆（加纳的布维水电站就是其中运用可可豆的一个例子），并在未来能够产生收入来源，就不必事先储存大量外汇储备以用于偿还外债。

并不是所有国家都有平等的机会进入国际金融市场，通过发行债券来建设基础设施，因此必须发掘出创新的途径来为发展融资。RFI 模式允许用一种资源交换另一种具备长期生产力的资产，为实体部门多元化提供支持，而不必完全依赖金融市场。此外，RFI 减少了由于资源租金/收入被转移到国外或资本外逃造成的资金损失。这种“实体”换“实体”的办法帮助克服了低收入的资源富国存在的资金和治理方面的制约。对于能力不足的国家，“实体”换“实体”的办法（如“以工代赈”计划、交钥匙项目、“以市场换技术”以及“以资源换基础设施”）如果设计得当且监督得力，可以在三到五年、甚至更短的时间内获得实际发展成果，如道路、学校和就业。

第四，各种不同类别资产的生产力及其对贫困的影响不尽相同。一些资产是公共或准公共产品，另一些是私人产品。部分基础设施能够“消除瓶颈”，对发展的影响很大，而另一些则并非这样。RFI 模式有助于把公共产品提供和自然资源开采（私人产品）通过一种有意义的形式（如围绕一个生态工业区）整合、“打包”在一起，这将使所在国人民受益，并提高私营部门参与提供公共产品的“公私合作”（PPP）项目的兴趣。

哪些基础设施投资可以“收回成本”、具备财务可行性呢？经济地理学能提供答案：“促进产业集群”的工业区或城市开发有关的基础设施对经济增长和减贫有更深刻的影响。推崇新贸易理论和新经济地理学的保罗·克鲁格曼和其他学者已经指出，产业的空间集聚具有自我加强特性。由于产业的空间集聚能创造支持进一步集聚的有利经济环境，企业能够集聚起来并持续下去。迈克尔·波特认为，集聚效益降低了单个企业的交易成本，增强了一个国家的工业竞争力，使其高于与该国发展水平相近的国家的工业竞争力。

第五，政府和国际金融组织有责任推动制度创新，运用新的契约（合同）把短期融资转化为长期融资，把不可交易物转化为可交易物（如碳交易），把非流动资产转化为流动资产（交易所交易基金，资产担保证券）。这里，风险池的构筑能够发挥较大作用。如果能够设立一个规模足够大（规模至少达到500亿—1000亿美元）的、具备多元化资产组合的全球结构转型基金（GSTF）（林毅夫，王燕，2013），就可以极大地降低双边基础设施项目的风险。

同时，政治经济环境对于风险管理至关重要。一方面，民选政府可能欢迎RFI概念，因为RFI能够在一届政府任期内“快速”取得发展效益，让选民看到政绩。另一方面，这一特征不利于还款周期，因为下一届政府可能已经忘记了以前由该RFI项目得到的利益，所以可能撤回特许授权或要求重新谈判还款条件。根据抽样，在1985—2000年拉丁美洲和加勒比海地区国家达成的1000项基础设施特许授权中，有30%在2.2年内就重新进行了谈判，重新谈判比例最高的是有关水和环境卫生方面的特许授权，达到74%（Guasch 2004，12）。

对过去RFI交易的透明度怀有疑虑是合理的。我们坚决支持采掘工业透明度倡议（EITI）原则，不论是从道德、政治角度，还是从风险管理角度而言都是如此。历史已经证明，为了管理政治风险，谈判必须在恪守透明度承诺和一定程度的保密性之间保持平衡（参见专栏5.4）。我们认为，未得到公众支持的暗室“交易”更可能在以后政府更迭时被推翻或重新谈判。这一历史教训应该牢记。

最后，对于非洲的政策制定者而言，如果他们愿意为百姓建设基础设施，只要他们认真定位符合当地比较优势的行业部门，积极采取有利于促进产业集群的工业区开发举措，基础设施的回报可能颇丰。随着中国的劳动成本迅速上升，许多低收入国家的劳动密集型行业可能由此获得8500万个制造业岗位。中国最大的制鞋出口企业之一华坚就是一个生动案例：华坚在埃塞俄比亚建立了大型工厂、培训工人，并在四个月的时间内就开始实现出口。目前，华坚的这个工厂聘用了2000多名埃塞俄比亚工人。但是，如果没有埃塞俄比亚和中国政府合作开发的东方工业园，华坚就不可能有此成就。

总体而言，设立全球结构转型基金（GSTF）以消除基础设施融资缺口，对全球而言是共赢之举（林毅夫和王燕，2013）。作为基础设施融资模式之一，RFI 并非灵丹妙药，其成功取决于合理的架构和具体实施。现在是时候把这些设想付诸实践了，不论是高收入国家还是发展中国家，都迫切需要建设与各国比较优势相关联的能“消除瓶颈”的基础设施，为创造就业和可持续增长提供支持。

注：

1. 作者感谢 HåvardHalland、Bryan Land、Vivien Foster 和王水林的讨论意见。本文所述均为作者的观点，与其所属机构无关。如有意见和建议，请联系作者王燕，电邮地址为 yanwang2@ gwu. edu。

Clare Short 的评论

采掘工业透明度倡议主席

本研究报告对于围绕资源融资的基础设施（RFI）的争论很及时。采掘工业透明度倡议（EITI；www. eiti. org）即是基于这样的原则：公众了解政府收支情况有助于推动公共讨论，并能为选择恰当可行的可持续发展途径建言建策。这项原则对 RFI 的意义尤其重大。

目前有 39 个国家实施 EITI。为了达标，这些国家每年要发布报告，就石油、天然气和采矿业提供及时、全面和可靠的数据。2011 年，EITI 针对基础设施建设和易货贸易安排提出新要求。如果涉及原材料，要求实施 EITI 的国家制定报告流程，“旨在达到与其他付款和收入相匹配的透明程度”（EITI 规则，要求 9（f））。EITI 没有单独讨论 RFI 交易，也未给予 RFI 特殊待遇，EITI 董事会重申的是公平竞争环境的重要性，即同样的透明度要求应适用于所有的资源开采合同安排。2013 年 5 月，EITI 通过了修订标准，对 EITI 所述的基础设施建设或易货贸易安排的处理做了更清晰的说明（参见专栏 A. 1）。

EITI 的一个核心特征就是促进政府、采掘企业和公民社会的合作。为了有效进行基础设施建设和易货贸易，EITI 要求利益相关者应能够全面了解相关协议合同的条款、涉及的各方、国家承诺抵押的资源、平衡收益流的价值（例如，基础设施工程）以及与常规合同相比这些协议的重要性。

EITI 标准还鼓励实施 EITI 的国家针对开采石油、天然气和矿产品订立附加条款合同（EITI 要求 3. 12）。EITI 标准规定，“EITI 报告必须说明政府有关合同披露的政策……”（EITI 要求 3. 12（b））。这里所指的合同包括涉及 RFI 的合同，只要 RFI 交易涉及资源开采。这些规定旨在鼓励各

专栏 A.1　EITI 标准对 RFI 的处理

要求4.1（d）基础设施建设和易货贸易安排

针对提供产品、服务（包括贷款、赠款和基础设施工程）的项目，多利益相关者工作组和独立行政官要考虑其中是否存在协议或一系列协议，协议规定这些项目以石油、天然气或矿物的勘探或生产优惠或实际交付为条件。要做到这一点，多利益相关者工作组和独立管理员需要全面了解相关协议合同的条款、涉及的各方、国家承诺抵押的资源、平衡收益流的价值（例如，基础设施工程）、与常规合同相比这些协议的重要性。如果多利益相关者工作组认为这些协议确实存在，多利益相关者工作组和独立行政官就要确保 EITI 报告论述这些协议的详细和透明程度要与其他付款和收益流的披露和对账要求相匹配。如果对主要交易对账不可行，多利益相关者工作组应达成一致的办法，由 EITI 报告中涉及的签订协议方进行单方面披露。

来源：EITI 标准，第 27 页。

方公开相关安排，但如果政府决定不公开，就需要在 EITI 报告中解释原因。因此，EITI 标准反映了一种重要趋势，即大家对 RFI 交易公开化的期望。

刚果民主共和国（DRC）的早期案例可以说明在 EITI 背景下如何处理这些问题。该国最新的一份 EITI 报告发布于 2010 财年，其中总结了 2007 年政府通过国家矿业总公司与一批中国企业所签订协议的实施情况。EITI 报告详细披露了根据此协议向政府支付的签约奖金细节。EITI 欢迎 DRC 在基础设施建设和易货贸易领域所做的努力，并重申为了达到 EITI 要求，需要把这些交易作为整体对待。EITI 平台可以用来促进公众 RFI 交易的认识，通报这些协议的实施进展，这方面的工作无疑有很大的改进空间。

如同本研究报告所讨论的，RFI 面临的一个特殊挑战在于可能很难准确估算未来收入和将建基础设施的价值。成本效益可能在很长一段时间内发生，利益相关者可能有合理的原因对估算净现值的预设条件持不同看法（整个交易的公平性也是如此）。协议生效后，EITI 注重及时提供有关协议实施情况的信息，以便利益相关者监督实施、评估效益。

本研究报告就在利用开采资源为基础设施建设融资过程中政府如何确保良好的治理和透明度提供了有益的指导。决策者、签约方和受影响的社区可以利用报告提供的框架，了解比较 RFI 交易，监督实施，评估机遇和风险。

EITI 不能确保自然资源财富惠及所有公民；要做到这点，需要广泛的改革努力。但是，EITI 提供的透明度能有效促进更充分的公共讨论并推动改革。

Louis T. Wells 的评论

哈佛商学院 Herbert F. Johnson 荣休教授

“资源融资的基础设施：起源及问题”为了解作者所说的资源融资的基础设施（RFI）提供了一个框架。[1]报告题目即点明了重点所在：如何为基础设施融资。其实这种安排也可视作一种结果，即东道国努力为自己的自然资源开发争取最大回报的结果。根据本人有限的经验，政府所收到的 RFI（不论大家将这个术语理解为“资源融资的基础设施”或“资源换基础设施”）项目建议书通常并不是寻找基础设施建设资金的结果。迄今为止，我还未见到哪个国家说：“我们需要一个新机场，那就做笔交易吧，用我们的铁矿开采权做交换。”那一天也许会到来，但截至目前大多数项目建议书很可能都来自寻求开发矿山、油田和种植园机会的企业。需要资源的外国投资者提出一揽子交易、RFI 交易，这些都是竞争获得资源的方式。之后，东道国就需要根据通过其他途径能得到多少回报，以及如果决定利用其他来源的资金，建设这个基础设施政府需要准备多少资金来评估项目建议书。[2]

等同于贷款

不论重点如何，该研究报告准确地把 RFI 等同于有资源抵押的贷款，尽管正式结构有所区别。不论资金来自常规贷款，还是来自基于未来资源开采的基础设施，都给国家带来了流动资产，都需要未来以某种形式偿还。不论哪一种，都是货真价实的贷款。合理选择、精心设计的基础设施项目，不论建设资金来自常规贷款或者抵押资源，都会给国家创造收入，为未来的偿债提供资金。毫无疑问，如果起初得到的资产并非明智的投资，如这些资产进入了国外银行账户、投入了华而不实的工程或者只是促进了消费，那么东道国未来就不会有增加的收入来偿付欠债。不论如何融资，事实都是如此。人们希望，RFI 至少有助于把自然资源收入投入能产生收入的资产（有用的基础设施），而不是浪费到官员的国外银行账户中或者完全用于当前的消费。

分析的重点何在，到头来也许没那么重要，尽管本研究报告令 RFI 看起来像新生事物，作者也证明了其观点的新颖之处。如果目标重在从自然资源获得早期收益，相应的平行安排已经出现了很长时间。例如，早在 1926 年，利比里亚就与费尔斯通进行橡胶交易，后者向政府提供一笔贷款。虽然贷款资金没有用于基础设施，但其基本特点相差无几。平行安排——用矿物或其他自然资源的开采权换取当前的资产——通常以与采矿（尤其是石油协定）相关的签约奖金形式体现。这些交易都是通过立刻给东道国提供资金来换取未来的自然资源开采权。“偿付债务”的方式可能很清楚，RFI 就如此，东道国政府拨出或承诺未来的税收或特许使用费给贷款方。而有些偿还方式可能比较隐晦，如东道国政府为了吸引贷款，因此向资源开发企业收取较低的特许使用费和税率。

但是，RFI 交易可被视作“账外”项目，这点确实不同于简单的贷款。取决于结构安排，RFI 交易可以不出现在常规的国家主权债务报告中。同样地，企业也有账外融资的做法。但两者都有风险，不论是贷方，还是借方。

批评

外国投资者在非洲进行的 RFI 交易受到了广泛批评，批评者主要是西方企业，偶尔也有西方政府和国际组织。可以理解西方投资者对加剧竞争没有热情。而且，他们可能认为（也许是正确的），最常进行 RFI 交易的中国企业具备廉价资本和本国政府支持的优势，而这些西方企业无法匹敌。但就此说更多竞争对东道国有害，也很难让人信服，不论东道国是否接受 RFI。而且，如果更低的成本能确实传递到东道国，东道国只会受益于低价资本。

有时，反对意见有关这些交易涉及的腐败现象。但是，迄今我并没有看到确凿的证据能证明在同一东道国，RFI 交易比其他类型的自然资源和建设合同更容易滋生腐败。

正如作者所指出的，针对 RFI 的大多数批评意见同样适用于独立开发的基础设施和自然资源项目。常规融资建设的基础设施可能也面临设计不当、腐败丛生、建设期间监督不力、缺乏维护的问题。类似地，自然资源协议通常是草草拟就，漏洞百出，设计未考虑到社区和当地发展的需求，收入征收不力，环境保护管理也马虎潦草。贫困国家通常不仅人均国内生产总值（GDP）低，与技巧老练的外国投资谈判和执行协议的能力也低。这是一个需要解决的发展问题，与 RFI 无关。

同样地，批评者指责 RFI 交易的隐蔽性。更高的透明度肯定对研究者有益，很可能也有利于东道国。另一方面，投资者主张保密的理由基本站不住脚。但是，大部分的自然资源协议都缺乏透明度，不论是否涉及基础设施都是如此。[3]

后期风险

我认为 RFI 确实提出了一个新问题，但不论是本报告还是其他地方对此都没有广泛认识和讨论。如果历史可以借鉴，将来 RFI 交易很可能变成重新谈判的重灾区。就偿付基础设施欠款将减少政府的来自自然资源收入的角度而言，未来的政府或者政府反对党很可能认为开采运往国外的自然资源所得的净收入低于其他国家从中得到的。除了投资者，其他人（尤其是反对党或新政府）很可能忘记早前以基础设施形式得到的收益。关注点都转向了成本。如果这种观点出现，其结果就是施压进行重新谈判。

以前，重新谈判给投资者造成困扰，但可能对东道国不会有大的影响。[4]随着曾经的交易看似过时，重新谈判频繁进行着[5]。但是，现在随着国际仲裁的普及和执行力的提高，对于东道国而言，重新谈判的成本可能大大提高。政府一旦意识到可能花费的成本，加上投资者的抗拒，即使有政治压力，可能也会对重新谈判有所犹豫。如果政府对此问题没有意识，而投资者选择仲裁途径，政府就得支付高昂的仲裁成本。内部政治压力的困扰和仲裁的成本（法律费用、裁决结果和对国家声誉的可能损害）两者严重损害东道国的利益。

至少对于下一步发展的直观理解可能是西方投资者不愿接受 RFI 模式的部分原因。

利还是弊?

我同意本研究报告作者的观点，即 RFI 模式本身对东道国而言不存在好坏。应该像对待其他商业模式一样对 RFI 进行评估，谨慎比较从自然资源获取回报或基础设施融资的其他途径。减少保密性有助于更好地对 RFI 交易、传统自然资源交易方式和基础设施融资进行分析比较。在有更多数据对外公开之前，还很难得出总体结论。不过，本研究报告的作者为思考单个建议方案提供了有益的思路。

注：

1. 作者参考了一项非常有意义的补充性研究："Building Bridges：China's Growing Role as Infrastructure Financier for Africa：Trends and Policy Options"（Foster 等人，2009）。
2. 开发商的报价条件中可能说明提供的具体基础设施，政府要考虑这是否是想建设的项目。如果答案是"否"，或者"优先级别很低的项目"，那就要根据这一事实调整分析。
3. 利比里亚已经承诺公开所有资源协议，并在网上发布。我还没有看到任何投资者因此受损的证据。
4. 1975 年，针对尽管两方似乎做出了长久承诺，但还是不断重新谈判自然资源协议的现象，David N. Smith 和我一起给我们的《第三世界矿物协议谈判》（Negotiating Third World Mineral Agreements）一书取了这样一个副标题"承诺只是序幕"（Promises as Prologue）。参见 Smith 和 Wells（1975）。
5. 参见 Vernon（1971，第 2 章），了解"废弃交易模式"在自然资源领域的早期应用。

参考文献

African Mining Vision. 2011. "Exploiting Natural Resources for Financing Infrastructure Development: Policy Options for Africa." African Union Commission. Paper presented at the 2nd Ordinary Session of AU Conference of Ministers Responsible for Mineral Resources Development, Addis Ababa, December.

Alves, Ana Christina. 2013. "China's 'Win-Win' Cooperation: Unpacking the Impact of Infrastructure-for-Resources Deals in Africa." *South African Journal of International Affairs* 20 (2): 207–26.

Brahmbhatt, Milan, and Otaviano Canuto. 2013. "FDI in Least Developed Countries: Problems of Excess?" *Global Finance Mauritius* 1: 79–82.

Brautigam, Deborah. 2011. *The Dragon's Gift: The Real Story of China in Africa*. Oxford: Oxford University Press.

Brealey, Richard A., Ian A. Cooper, and Michel A. Habib. 1996. "Using Project Finance to Fund Infrastructure Investments." *Journal of Applied Corporate Finance* 9 (3): 25-38.

Cassel, Cosima, Giuseppe de Candia, and Antonella Liberatore. 2010. *Building African Infrastructure with Chinese Money*. Barcelona Graduate School of Economics. http://www.barcelonagse.eu/tmp/pdf/ITFD10Africa.pdf.

Dailami, Mansoor, and Danny Leipziger. 1999. *Infrastructure Project Finance and Capital Flows: A New Perspective*. Washington, DC: Economic Development Institute, World Bank.

Davies, Martyn. 2009. "The New Coupling." *Emerging Markets*, May 10. http://www.emergingmarkets.org/Article/2346316/The-new-coupling.html.

Democratic Republic of Congo-Company Corporation Sinohydro, January 2008.

Foster, Vivien. 2008. *Overhauling the Engine of Growth: Infrastructure in Africa* (draft). Washington, DC: World Bank.

Foster, Vivien, and Cecilia Briceño-Garmendia. 2010. *Africa's Infrastructure: A Time for Transformation*. Washington, DC: World Bank.

Foster, Vivien, William Butterfield, Chuan Chen, and Nataliya Pushak. 2009. "Building Bridges: China's Growing Role as Infrastructure Financier for Africa." Trends and Policy Options No. 5, World Bank and PPIAF, Washington, DC.

Freshfields Bruckhaus Deringer. 2012. *From Policy to Proof of Concept, and Beyond: Outlook for Infrastructure 2012*. http://www.freshfields.com/uploadedFiles/SiteWide/News_Room/Insight/Project_Bonds/Outlook%20for%20infrastructure%202012.pdf.

Guasch, J. Luis. 2004. *Granting and Renegotiating Infrastructure Concessions: Doing It Right*. Washington, DC: World Bank.

Global Witness. 2011a. "$6bn Congo-China Resource Deal Threatened by Lack of Information." March 8. http://www.globalwitness.org/library/6bn-congo-china-resource-deal-threatened-lack-information.

———. 2011b. "China and Congo: Friends in Need." A report by Global Witness on the Democratic Republic of Congo, London, United Kingdom.

Group Gecamines-Consortium of Chinese Enterprises. December 2007. Joint Venture Agreement.

Hellendorff, Bruno. 2011. *China and DRC: Africa's Next Top Models?* Chaire InBev Baillet-Latour. https://www.uclouvain.be/cps/ucl/doc/pols/documents/NA13-INBEV-ALL.pdf.

Hodges, John T., and Georgina Dellacha. 2007. "Unsolicited Infrastructure Proposals: How Some Countries Introduce Competition and Transparency." PPIAF Working Paper No. 1, Public-Private Infrastructure Advisory Facility, Washington, DC.

IMF (International Monetary Fund). 2003. "Assessing Public Sector Borrowing Collateralized on Future Flow Receivables." Unpublished memo. https://www.imf.org/external/np/fad/2003/061103.pdf.

Jansson, Johanna. 2011. "The Sicomines Agreement: Change and Continuity in the Democratic Republic of Congo's International Relations." SAIIA Occasional Paper No 97, South African Institute of International Affairs, Johannesburg.

Korea Eximbank. 2011. "Resource Development in DR Congo through Water Supply Pipeline Construction." Press release. http://www.koreaexim.go.kr/en/bbs/noti/view.jsp?no=9671&bbs_code_id=1316753474007&bbs_code_tp=BBS_2.

Lee, Peter. 2010. "China Has a Congo Copper Headache." *Asia Times*, March 11. http://www.atimes.com/atimes/China_Business/LC11Cb02.html.

Lin, Justin Yifu. 2011. "How to Seize the 85 Million Jobs Bonanza." *Let's Talk Development* (blog), World Bank, Washington, DC, July 27.

———. 2012. *New Structural Economics: A Framework for Rethinking Development and Policy*. Washington, DC: World Bank.

Lin, Justin Yifu, and Yan Wang. 2013. "Beyond the Marshall Plan: A Global Structural Transformation Fund." Background paper published by the UN High Level Panel on the Post-2015 Development Agenda. http://www.post2015hlp.org/wp-content/uploads/2013/05/Lin-Wang_Beyond-the-Marshall-Plan-A-Global-Structural-Transformation-Fund.pdf.

Mineral Resources Mining SPRI-National Society of Railways of Congo SARL. 2012. Memorandum of Agreement, June.

Ogier, Thierry. 2011. "Concerns over China's 'Asymmetric Bargaining Power'." *Emerging Markets*, September 24. http://www.emergingmarkets.org/Article/2906476/Concerns-over-Chinas-asymmetric-bargaining-power.html.

Ravat, Anwar, and Sridar P. Kannan, eds. 2011. *Implementing EITI for Impact: A Handbook for Policy Makers and Stakeholders*. Washington, DC: World Bank.

Smith, David N., and Louis T. Wells. 1975. *Negotiating Third World Mineral Agreements*. Cambridge, MA: Ballinger.

Society of Industrial and Mining Development of Congo SARL-Tae Joo Synthesis Steel Co., Ltd. 2011. Operating Agreement, March.

UNCTAD (United Nations Conference on Trade and Development). 2013. "Time Series on Inward and Outward Foreign Direct Investment Flows, Annual, 1970–2012." Data Compiled by the *Financial Times* August 19, 2013, "Offshore Centres Race to Seal Africa Investment Tax Deals." http://www.ft.com/intl/cms/s/0/64368e44-08c8-11e3-ad07-00144feabdc0.html.

Vernon, Raymond. 1971. *Sovereignty at Bay*. New York: Basic Books.

Wang, Yan. 2011. "Infrastructure: The Foundation for Growth and Poverty Reduction: A Synthesis." In *Economic Transformation and Poverty Reduction: How It Happened in China, Helping It Happen in Africa*, edited by China-OECD/DAC Study Group, chapter III, volume II. OECD and International Poverty Reduction Center in China. http://www.oecd.org/dac/povertyreduction/49528657.pdf.

Wells, Louis T. 2013. "Infrastructure for Ore: Benefits and Costs of a Not-So-Original Idea." Columbia FDI Perspectives, No. 96, June 3. http://www.vcc.columbia.edu/content/infrastructure-ore-benefits-and-costs-not-so-original-idea.

Wenping, He. 2012. "Laying Foundation for Future." *China Daily*, June 29. http://usa.chinadaily.com.cn/weekly/2012-06/29/content_15534111.htm.